つり人社書籍編集部編

令和版 困った時はココ!

東京湾・相模湾・駿河湾・常磐・房総

関東海のキラキラ釣り場案内60

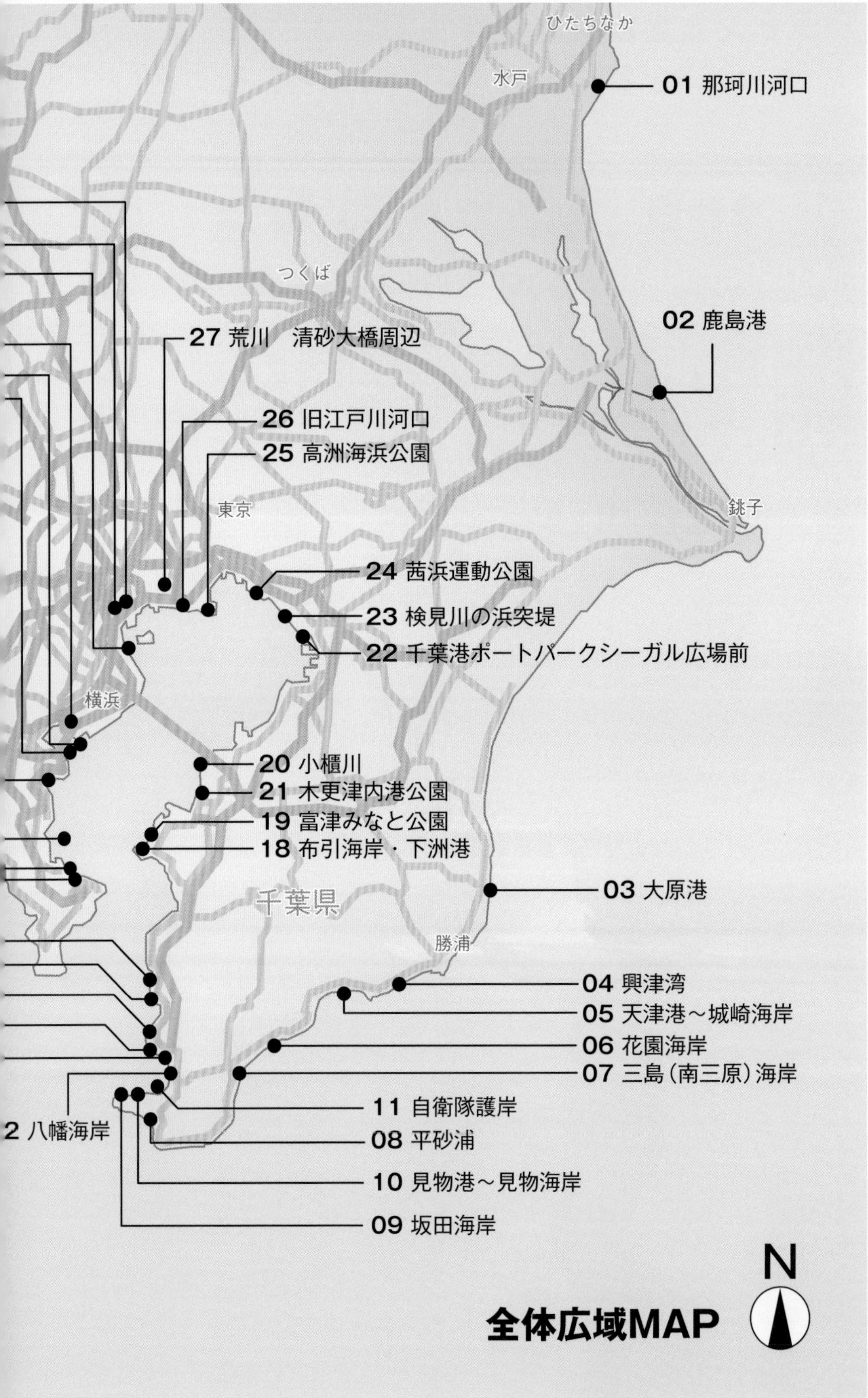

ひたちなか

水戸

01 那珂川河口

つくば

02 鹿島港

27 荒川　清砂大橋周辺

26 旧江戸川河口

25 高洲海浜公園

東京

銚子

24 茜浜運動公園

23 検見川の浜突堤

22 千葉港ポートパークシーガル広場前

横浜

20 小櫃川

21 木更津内港公園

19 富津みなと公園

18 布引海岸・下洲港

千葉県

03 大原港

勝浦

04 興津湾

05 天津港～城崎海岸

06 花園海岸

07 三島（南三原）海岸

11 自衛隊護岸

2 八幡海岸

08 平砂浦

10 見物港～見物海岸

09 坂田海岸

全体広域MAP

本書について

本書は茨城県那珂川河口から静岡県石津浜までの沿岸部に沿った60ヵ所の釣り場を5名の釣り人が自らの足で回って原稿を作成しました。

情報について

本書に収録した各情報は2021年6月までのものです。現状を保証するものではなく、釣り場環境や交通網、施設の料金や対象魚等に変化が生じている可能性もあります。釣行の際には釣具店等で現地の最新情報を入手されることをおすすめします。

現地で本書に記載外の釣り禁止・立入禁止ほか制限や規則を示す標識等がある場合はそちらを遵守してください。

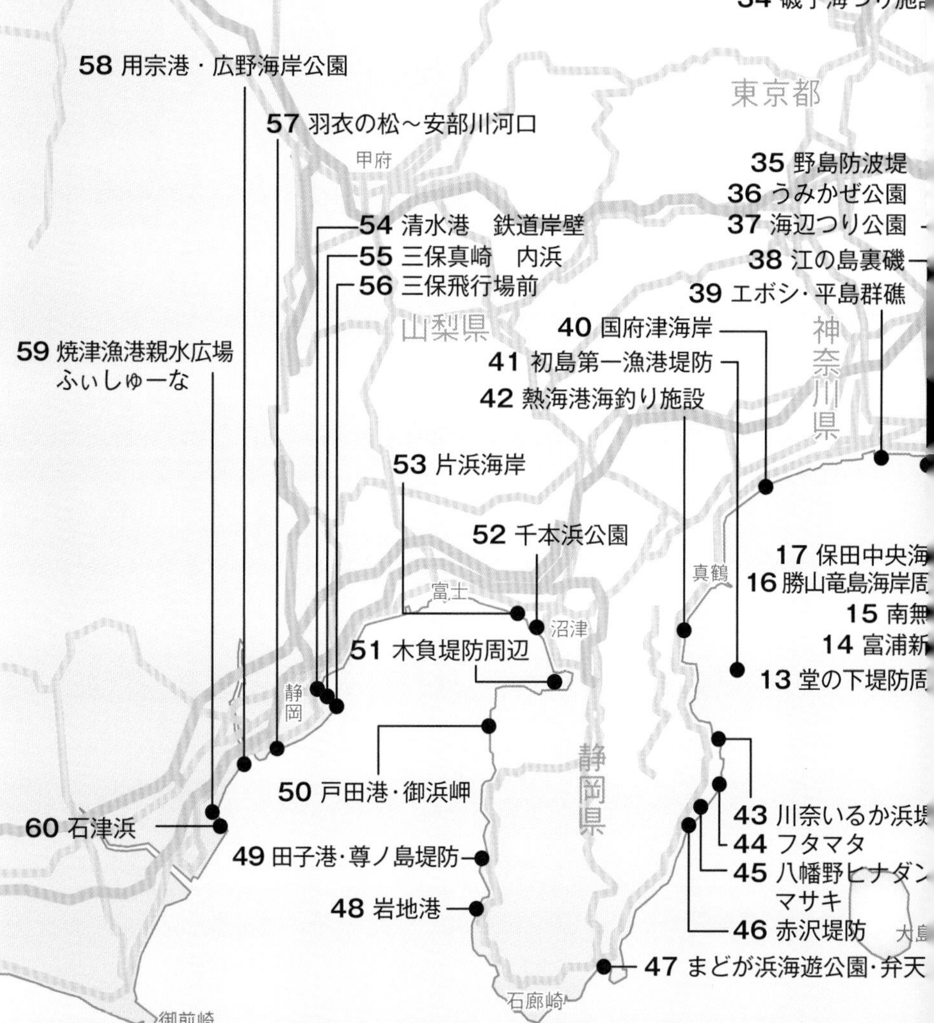

目次

装丁　神谷利男デザイン株式会社（坂本成志）
地図・仕掛図　堀口順一朗

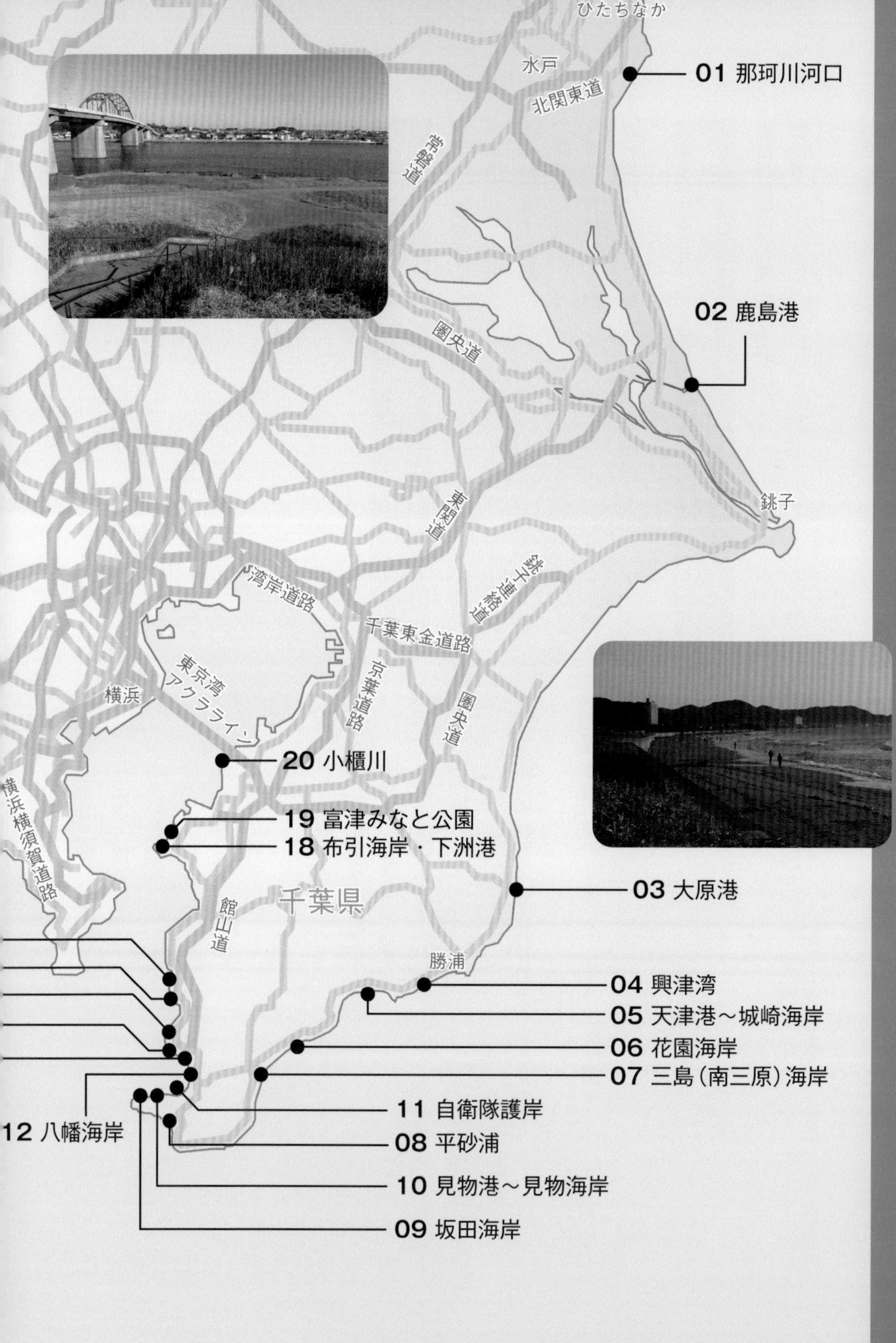

ひたちなか
水戸
01 那珂川河口
北関東道
常磐道
02 鹿島港
圏央道
銚子
東関道
銚子連絡道
湾岸道路
千葉東金道路
東京湾アクアライン
横浜
京葉道路
圏央道
20 小櫃川
横浜横須賀道路
19 富津みなと公園
18 布引海岸・下洲港
03 大原港
千葉県
館山道
勝浦
04 興津湾
05 天津港～城崎海岸
06 花園海岸
07 三島（南三原）海岸
11 自衛隊護岸
12 八幡海岸
08 平砂浦
10 見物港～見物海岸
09 坂田海岸

茨城～千葉

解説◎坂井勇二郎

PROFILE

坂井勇二郎

（さかい・ゆうじろう）

1959年生まれ。千葉県君津市在住。シロギスの数釣りから大物釣りまで、投げ釣り全般に通じているエキスパート。全日本サーフキャスティング連盟・千葉協会前会長。著書に『投げ釣り』（つり人社）がある。

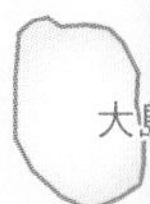

茨城県大洗町

那珂川河口

Nakagawa-kakou

釣りものカレンダー

春	カレイ	シーバス	
夏	シーバス	マゴチ	クロダイ
	ニベ	ハゼ	
秋	シーバス	マゴチ	ヒラメ
	クロダイ	ニベ	ハゼ
冬	シーバス	ヒラメ	カレイ

那珂川河口の大洗側は、水際に駐車場と遊歩道が整備されており、釣り人に優しい。河川内にあるため、外海の荒れ（波風）に強いが、大雨のあとはニゴリとゴミで釣りにならないことも。

おもな釣り場は海門橋の海側一帯。以前は砂浜ができていたが、現在は砂が流失し、階段状のスロープからの釣りとなる。投げ釣りとルアーが主となるが、引っかけ（ギャング）釣りの地元民も多い。このギャング釣りは、もともとは川に入ってきたシャケを引っかけるのがルーツのようだが、今はスズキやそのほかの魚（ヒラメやカレイも）も「何でも来い」のようだ。

涸沼と那珂川の生態系が魚を寄せる

投げ釣りではニベ、カレイ、マハゼが、ルアーではシーバス、マゴチ、ヒラメとなる。この辺りは遠投してもかなり浅く、川底は砂地に砂利や牡蠣殻などのガラがあり、ときどき根掛かりする。それでも対岸から投げるよりは根掛かりは激しくない。「こんな浅い場所で」とは思うが、意外にも大きなカレイやヒラメ、マゴチ、スズキが釣れている。どこもそうだが、マゴチは真夏にハゼを食べるために河川内に入り込む。

ここで釣れるカレイはマコガレイが主だが、河川内ということでヌマガレイも多く、イシガレイやまれにホシガレイ（常磐海域で稚魚放流したもの）も混じる。

海門橋の周囲は、流れも強いので根掛かり（橋脚の残骸などがある）が激しい。上流側も川の本流に牡蠣殻が多く、これまた流れが強いと根掛かりが激しいが、ハゼは橋よりも上流側のほうが多い。またこの辺はほぼ海水なので、釣れるハゼの型はよい。PEのミチイトに根掛かりしにくいオモリや仕掛けの工夫をすれば、それなりの釣りができる。

ここでの釣りは朝から昼間ももちろんだが、より大型をねらいたいなら夕方から夜にかけても外せない。夜間は海門橋に照明が点き、カレイやハゼといった魚は夜間の明かりに寄る習性がある。また明かりに寄った小魚をねらうフィッシュイーターも集まる。夜釣りというと、慣れていない人にはちょっと敷居が高い感じもするが、足場もよく安全なこの場所では快適な夜釣りが楽しめるだろう。なお安全とはいってもライフジャケットは着用しよう。

ACCESS

クルマ

東水戸道路・水戸大洗ICからR51を海に向かって走り、塩崎の交差点の先の県道2号線を大洗駅方向へ。涸沼を渡り大洗駅入口を左折し、東光台前交差点を左折して1.7㎞で現地に。ICから20分。

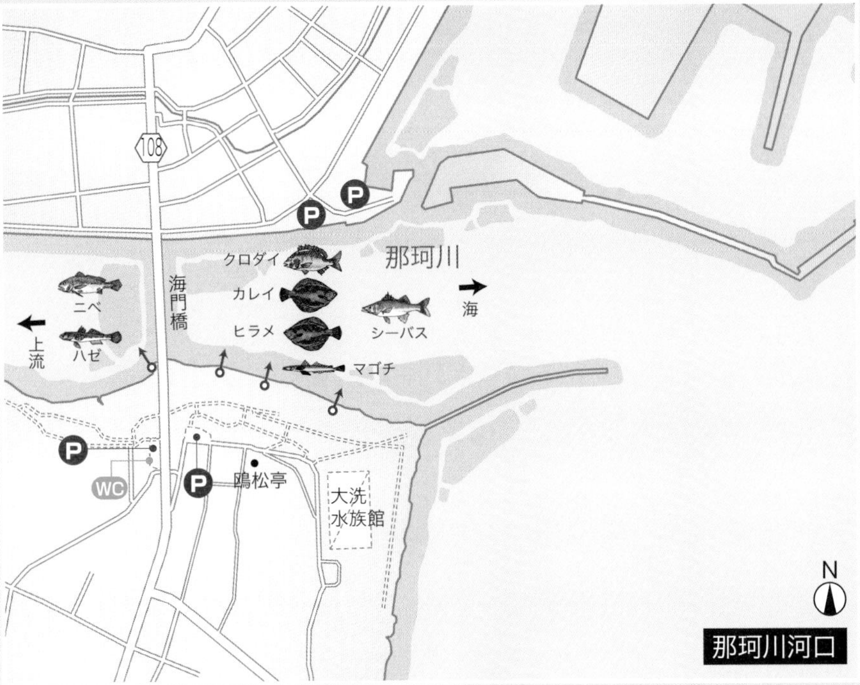

那珂川河口

108
那珂川
海門橋
クロダイ
カレイ
ヒラメ
シーバス
マゴチ
ニベ
ハゼ
上流
海
鴎松亭
大洗水族館
WC
P
N

海門橋の上から下流側の釣り場全景を望む

マコガレイがヒット。ヌマガレイやイシガレイ、まれにホシガレイも混じる

海門橋上流で良型マハゼが一荷で釣れた

海門橋の橋脚付近は人気が高いが流れも強く根掛かりもしやすい

茨城県鹿嶋市

鹿島港

Kashimakou

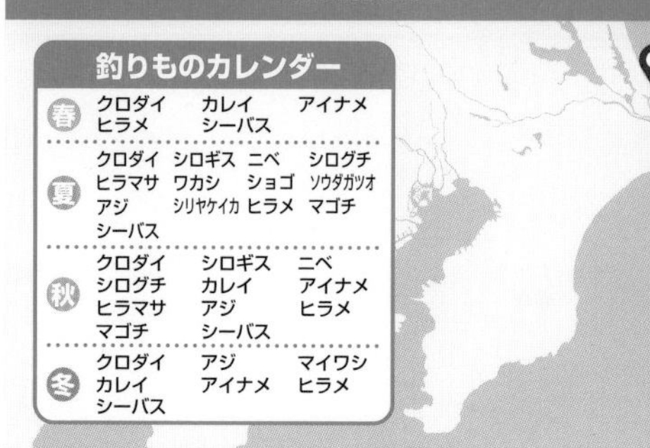

釣りものカレンダー

春	クロダイ、カレイ、アイナメ、ヒラメ、シーバス
夏	クロダイ、シロギス、ニベ、シログチ、ヒラマサ、ワカシ、ショゴ、ソウダガツオ、アジ、シリヤケイカ、ヒラメ、マゴチ、シーバス
秋	クロダイ、シロギス、ニベ、シログチ、カレイ、アイナメ、ヒラマサ、アジ、ヒラメ、マゴチ、シーバス
冬	クロダイ、アジ、マイワシ、カレイ、アイナメ、ヒラメ、シーバス

1960年代から開発された巨大工業港

広大な工業地帯である鹿島港で釣りができる場所はかなり限られている。メインは港入り口にある「海釣り施設」と、奥に位置する「港公園」。

海釣り施設は「鹿島港釣り園」といい、もともとあった北堤を改修して釣り公園になった。全長約200m。施設ということで昼間のみの釣りとなる。投げ釣り、サビキ釣り、ルアー、ウキ、カゴなどなんでも可能。ほかの釣り公園のような決まり事はあまりなく自由に楽しめる。先端付近は水深10m以上あり、潮通しがよい。堤防の内向き出っ張りより手前側の中央付近は、港内側30～60m付近に基礎が出ているのか根掛かりする。先端寄りは周囲および外側（きれいな砂地）に遠投してシロギス、ニベが釣れる。港内側はカレイ、アイナメ、アナゴ。直下で泳がせのヒラメやマゴチ、アイナメ。夏から秋はイナダ、ショゴ、ヒラマサにコマセ釣りのアジ、イワシ、サヨリも。管理棟にエサ常備、トイレ、軽食可能。

釣り施設から日本製鉄（旧住友金属）側に戻るとポートラジオ手前に護岸があり、港内側に遠投してカレイ、アイナメ、シロギス、アナゴ。ウキフカセのクロダイからサビキ釣りのアジ、イワシ。航路の60m付近にきついカケアガリ（基礎が出ているか？）があり、その手前は根掛かりが多い。カレイ、アイナメの大型魚を掛けると回収に苦労する。浮き上がりのよいオモリや短い仕掛けで。

港公園は、鹿島港のシンボル塔を目指して走る。素晴らしく管理された公園で、釣り人以外に家族連れの利用も多い。正面に鹿島港を望み、その目の前に広がる欄干のある護岸（約400m）からの釣り。投げ釣り（キス、カレイ、アイナメ、アナゴ、シログチ）、カゴ釣り（ヒラマサ、ショゴ、アジ、イワシ）、ウキフカセ（クロダイ）、ルアー（スズキ、イナダ、ショゴ）。変わりダネではクリケガニが3、4月に、サビキでチカが3月から5月に。夏からシリヤケイカが。2、3月のマコガレイは50cmオーバーの実績も。クロダイは5月に50cmオーバーが。ヒラマサは夏から秋に5kgクラスも。さまざまな釣り方が混在するので、投げ釣り、フカセ釣りは両サイド、カゴ釣りは中央付近が釣りやすい。投げても沖に根はなく釣りやすい。足下基礎際でアイナメが出る。

港公園の対岸に迂回すると通称アンモニア岸壁。ここも前述の釣り場と同じ釣りが可能。

ACCESS

クルマ

東関東自動車道・潮来ICより水郷道路を銚子方面へ。「鮫川橋」信号を左折し、「堀割川」信号からR124に入り鉾田方面へ。「谷原」信号を右折し、県道238号線、県道239号線、県道255線を経て、火力発電所を過ぎたら左折して魚釣り園駐車場に。港公園は、「堀割川」信号を右折し、スーパーホテル前信号を左折すると「港公園」への表示看板あり。

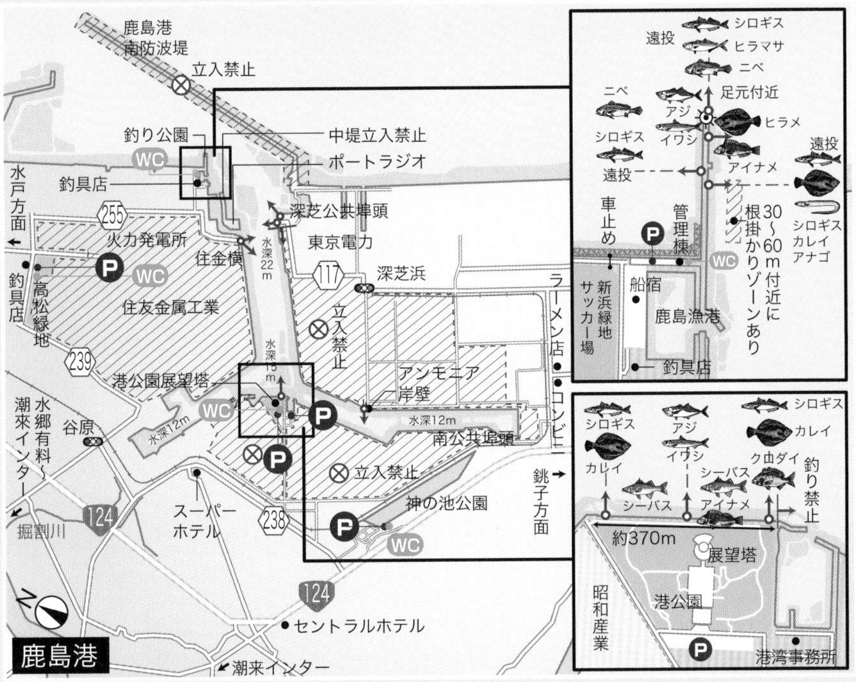

鹿島港

鹿島港
南防波堤
立入禁止
釣り公園
中堤立入禁止
ポートラジオ
WC
水戸方面
釣具店
255
深芝公共埠頭
火力発電所
東京電力
住金横
水深22m
釣具店
高松緑地
住友金属工業
117
深芝浜
立入禁止
ラーメン店
239
水深15m
アンモニア岸壁
港公園展望塔
コンビニ
水深12m
水深12m
南公共埠頭
谷原
潮来インター
水郷有料
立入禁止
銚子方面
神の池公園
124
スーパーホテル
238
掘割川
124
セントラルホテル
潮来インター

遠投
シロギス
ヒラマサ
ニベ
ニベ
アジ
足元付近
ヒラメ
シロギス
イワシ
遠投
アイナメ
遠投
車止め
管理棟
30～60m付近に根掛かりゾーンあり
シロギス
カレイ
アナゴ
新浜緑地サッカー場
船宿
鹿島漁港
釣具店

シロギス
アジ
シロギス
カレイ
イワシ
カレイ
クロダイ
シーバス
釣り禁止
シーバス
アイナメ
約370m
展望塔
昭和産業
港公園
港湾事務所

港公園展望塔は鹿島港のシンボル。港内のどこからでも望むことができる

「鹿島港釣り園」は全長約 200 m。管理棟にエサ常備、トイレ、軽食も可能

日本製鉄（旧住金）横のポートラジオ手前の護岸

「港公園」はきれいに整備され、ファミリーにも人気。釣りものも多彩だ

「鹿島港釣り園」は投げ釣り、サビキ釣り、ルアー、ウキ、カゴなどなんでも楽しめる

港公園の対岸のわずかな場所にある通称「アンモニア岸壁」

千葉県いすみ市

大原港

Ooharakou

釣りものカレンダー

春	ニベ キビレ	アイナメ シーバス	クロダイ メバル
夏	ニベ シーバス メバル	クロダイ シロギス	キビレ アジ
秋	ニベ シーバス アジ	クロダイ アイナメ メバル	キビレ シロギス サヨリ
冬	ニベ シーバス	クロダイ アイナメ	キビレ サヨリ

入門者に優しい大型港

船釣り基地として有名な大原港は、釣り人に寛容だ。港内に車を乗り入れて釣りのできる近年まれな大型港である。

白灯のある東堤防は、外側に向けて消波ブロック越しの投げ釣りとなる。水深は3〜4ｍと浅く砂地に岩盤で根掛かりする。スズキ（ルアー、エサとも）、クロダイ、アイナメ、ニベ、カゴ釣りのサヨリ（晩秋から冬場）。ウキフカセでクロダイ、メジナもねらえるが、足場が悪いので波の高い日は要注意。スパイク靴やライフジャケットは必着。港内側でクロダイ、キビレ、先端内向きでメバリングも。

赤灯のある外海側埋立地は、東堤防同様に消波ブロック越しの釣りとなりスズキ、クロダイ、ニベ、夏場のシロギス。足場が悪いので取り込みに注意。港内側でアジ、サヨリ、クロダイ、セイゴ。作業中で入れないときもある。

魚市場のある埋立地は、車が乗り入れられ家族連れに人気だ。埋立地の入り口に漁協直営の食堂やトイレがあるのもありがたい。初夏から秋にかけてのアジはウキ釣り、サビキ釣りで。ほかにイワシ、コノシロ、サッパ。ノベザオでのサヨリ。チョイ投げでキビレ、ニベ、アナゴ。

最奥の港内は、船が係留されている間をねらってハゼ（夏から晩秋にアオイソメやジャリメで）も楽しい。漁協周りには照明があり、夜間に小型のメバルやセイゴ、アナゴが釣れる。

大原港に隣接する八幡岬は、コンクリート護岸になっており、東堤防同様に砂地混じりの岩盤底に投げるとスズキ、クロダイ、ニベ、アイナメがねらえる。水深は2〜3ｍと浅いが、浅いせいでニゴリやサラシができやすく、足もとにニベが寄る。ニベは型がよく35〜40㎝が釣れることも。なお消波ブロックは低く、見た目よりも釣りやすいが、潮をかぶって濡れていることが多いので、スパイクブーツ着用が絶対条件。

投げ釣りのエサはスズキにユムシ、イワイソメ（アカイソメ、ホンムシ）、アオイソメの房掛け。クロダイ、アイナメにイワイソメ、ニベにアオイソメ（1匹掛け）やサンマの短冊。港内の投げ釣りにユムシ（クロダイ、キビレ）、イワイソメ、アオイソメ。シロギスにはアオイソメとジャリメ。ほかに情報として、サヨリなどの小魚が寄っているときにはヒラメやスズキがルアーで釣れる。

ACCESS

クルマ

圏央道・市原舞鶴IC から R297 を南下し、大多喜から R465 へ。R128 の大原交差点を海側へ。

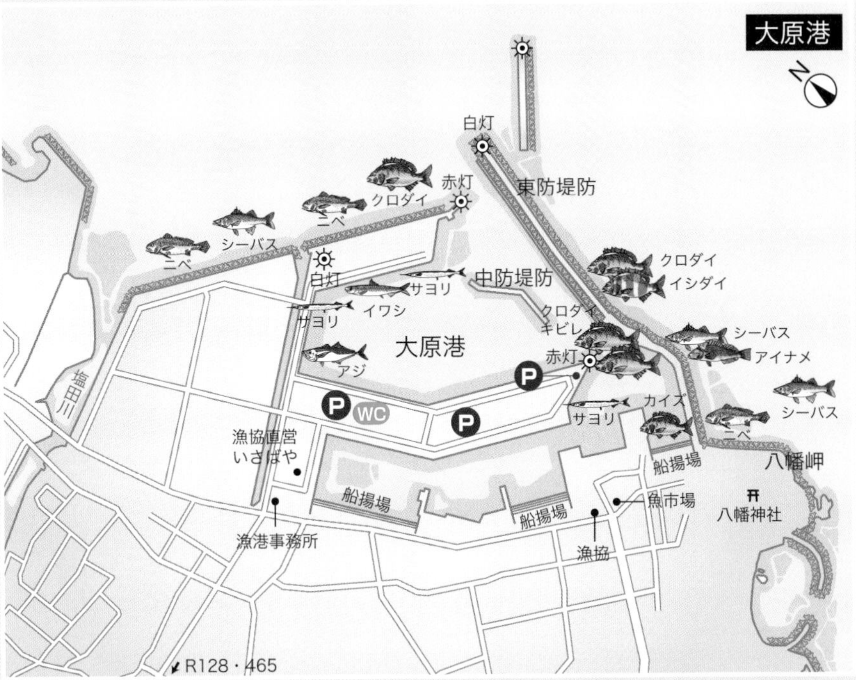

大原港

白灯
東防堤防
赤灯
クロダイ
ニベ
シーバス
ニベ
白灯
サヨリ
中防堤防
イワシ
サヨリ
クロダイ
イシダイ
クロダイ
キビレ
シーバス
アイナメ
大原港
アジ
赤灯
サヨリ
カイズ
シーバス
ニベ
塩田川
WC
漁協直営
いさばや
船揚場
八幡岬
船揚場
魚市場
船揚場
八幡神社
漁港事務所
漁協
R128・465

港内埋立地赤灯付近

港内埋立地の漁協付近。ここも水際まで車で乗り入れできるのでファミリーなどに人気

大原漁港に水揚げされた地魚が楽しめる漁協直営の食堂『いさばや』。食事は 11 ～ 14 時、直売は 9 ～ 15 時。毎週火曜と第 3 水曜が定休

八幡岬の護岸、水深が浅いため濁りやすく足もとまでニベが寄る

千葉県勝浦市

興津湾

Okitsuwan

釣りものカレンダー

春	クロダイ シロギス ヒラメ	メジナ サヨリ メバル	アジ シーバス アオリイカ
夏	クロダイ シーバス	アジ マゴチ	シロギス イシガキダイ
秋	クロダイ シロギス メバル	メジナ シーバス アオリイカ	アジ ヒラメ
冬	クロダイ サヨリ メバル	メジナ シーバス	アジ ヒラメ

背後を房総の山に、両サイドを岬に囲まれた興津の湾は、冬場の時化に強い天然の良港だ。この興津湾は江戸時代に仙台藩が役所を設けており、江戸に東北の米を輸送する船の碇泊地や避難港として多くの船が入港していたらしい。興津港海浜公園に当時の繋船柱があり、それは石巻産の仙台石で造られている。古くから宮城県石巻と歴史的なつながりがあり、当時は栄えた地域だったのだろう。

釣り場は大きく分けて3ヵ所。天津、鴨川から旧道を走ってくると海浜公園に入る道があり、そのまま進むと興津港（西港）に行き当たる。港の

地元漁協管理の天然の良港

岸壁の邪魔にならないところに駐車できる（有料）。その護岸ではサビキ釣りやチョイ投げでシロギスが。奥の港はほぼ使っていないので意外にも釣り放題。沖側堤防の外側は非常に浅く、先端付近とその手前沖側に溝がありウキフカセ釣りでクロダイ、メジナ、イシダイ、サヨリ、ルアーシーバスや夏場の青物。先端周囲から内側でアジ、メバル、サヨリ、アオリイカ。港内でメバルとアオリイカ。

海浜公園の脇から伸びている石積み堤は、投げ釣りのシロギス、投げサビキのアジ、サヨリ、ウキフカセのクロダイ。クロダイは川側が有望。駐車場とトイレがあるので人気の釣り場だ。駐車場横の護岸から隠れ根越しに投げるとシロギスが釣れる。この湾の中央部や根際、海藻際では昔から良型のキスとマダイが釣れることが知られている。

中央の砂浜は、チョイ投げのキスやルアーでのヒラメ、マゴチ。沖に海藻や障害物があり、浜の規模の割に本格的な遠投釣りはできない。

勝浦寄りの東港手前に「海釣り公園」という堤防があるが、浅い砂地でここもチョイ投げの釣り場。キス、ニベのほか河口ということで、昔からまれにカレイが釣れることがある。

本格的な磯釣り場は、その横の消波ブロックの積まれた堤防（東港）。ここのブロックは古い型の小さなブロックで、意外にも乗りやすく、外向き一帯でウキフカセのクロダイ、メジナ、サヨリ。そのほかルアーのシーバスやメバル、アオリイカ、イシダイ。夏から秋はイシガキダイが寄る。堤防先端延長方向や、内向きの船道でキスが釣れる。ただし、漁船の出入りに注意して釣ろう。車は堤防付け根の有料駐車場へ。この地元運営の有料駐車場というのはありがたいもので、地元漁協が堤防での釣りを認めているということだ。

ACCESS

クルマ

圏央道・市原舞鶴ICで下り、R297を勝浦方面へ。R128を鴨川方面に走り、鵜原交差点を左折して現地へ。鴨川方面からは、富津館山自動車道路・君津ICを下りて山越えで鴨川へ。鴨川から128号バイパスを走り、行川アイランドから旧道に入り現地へ。鴨川から20分。

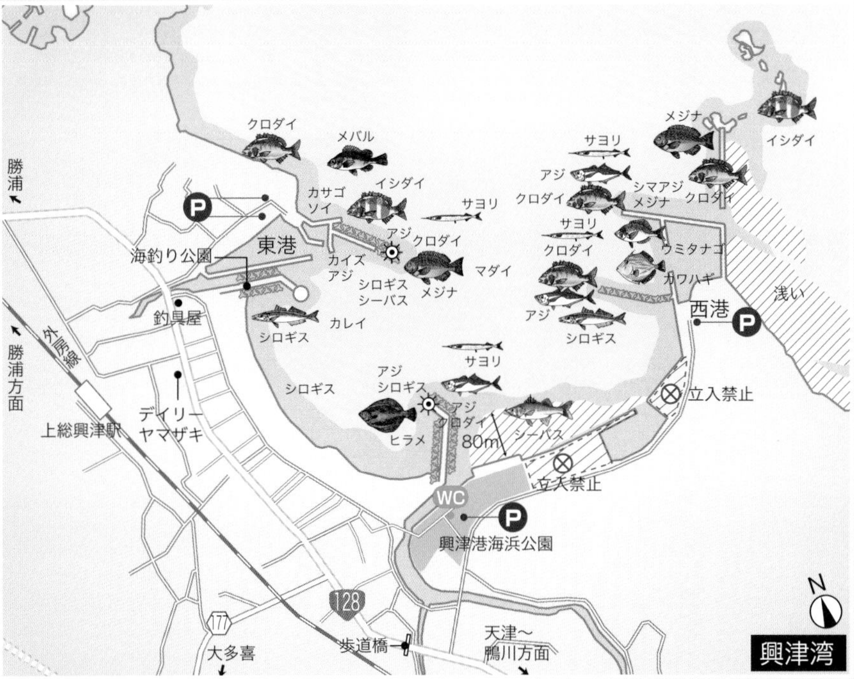
興津湾
勝浦
勝浦方面
外房線
上総興津駅
釣具屋
デイリーヤマザキ
海釣り公園
東港
西港
浅い
立入禁止
立入禁止
80m
WC
興津港海浜公園
128
177
大多喜
歩道橋
天津～鴨川方面
N
クロダイ
メバル
イシダイ
カサゴ
ソイ
サヨリ
アジ
クロダイ
カイズ
アジ
シロギス
シーバス
メジナ
マダイ
シロギス
カレイ
シロギス
アジ
シロギス
ヒラメ
アジ
クロダイ
シーバス
サヨリ
メジナ
イシダイ
サヨリ
アジ
クロダイ
シマアジ
メジナ
クロダイ
サヨリ
クロダイ
ウミタナゴ
カワハギ
アジ
シロギス

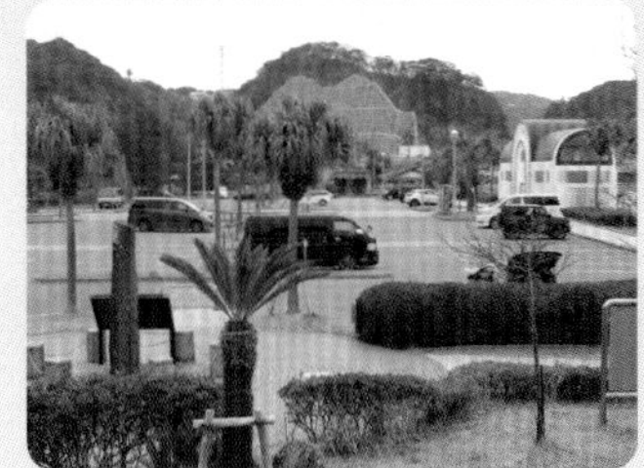

きれいに整備された海浜公園駐車場

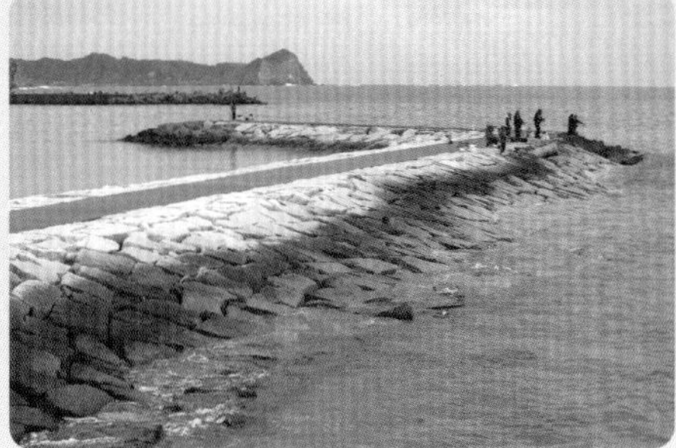

海浜公園前の川を挟んで海水浴場側に延びる石積み堤防。投げ釣りのシロギス、投げサビキのアジ、サヨリ、ウキフカセのクロダイが有望

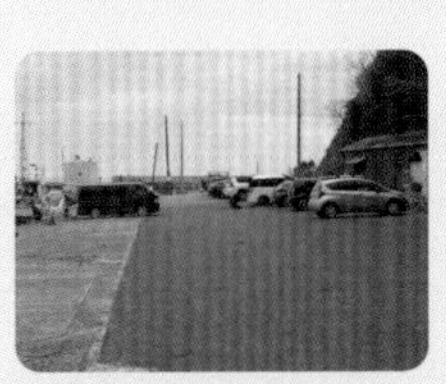

海浜公園を過ぎてそのまま進むと西港前まで車で入れ、壁側に数台分の駐車スペースもある

西港の先端付近

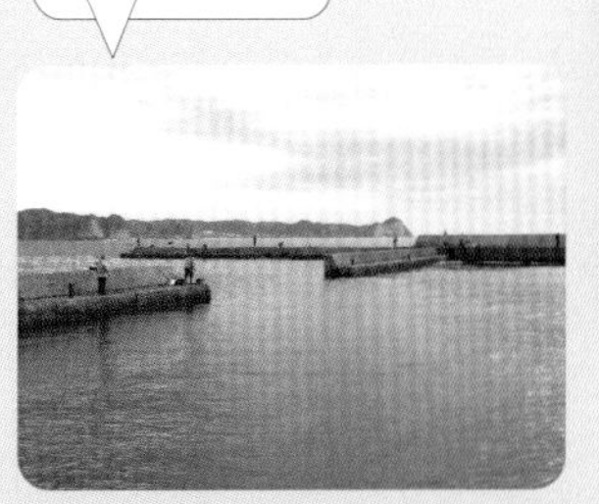

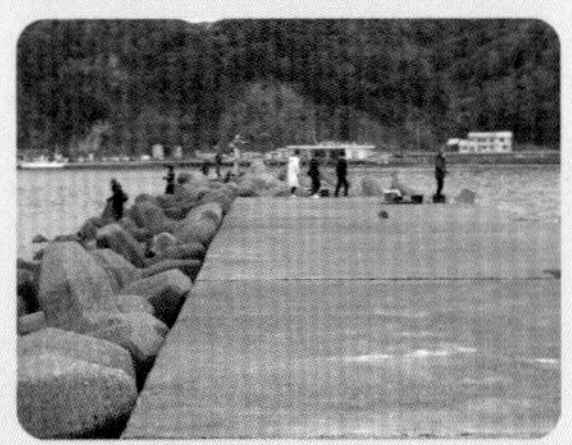

東港の先端付近。消波ブロックのある外向き側はウキフカセの好釣り場

千葉県鴨川市

天津港～城崎海岸

Amatsukou~Shirosakikaigan

釣りものカレンダー

春	クロダイ ヒラメ	メジナ サヨリ	シーバス シロギス
夏	クロダイ シロギス ヒラメ	メジナ アジ	シーバス マゴチ
秋	クロダイ シロギス ヒラメ	メジナ アジ	シーバス マゴチ
冬	クロダイ アジ	メジナ サヨリ	シーバス ヒラメ

サーファーのいない浜で投げたい人に

天津港は大きな港で、以前はどこでもサオを出せて収容人員も多かったが、現在は鴨川寄りの堤防と城崎海岸側から伸びる堤防先端部が入れないので、港内だけの釣り場となってしまった。

メインポイントは港出入り口正面にある護岸で、車横付けなので人気の場所。コマセのサビキ釣りでアジ、イワシなど。港内のチョイ投げでシロギス。城崎側から続く護岸は、漁船が係留していないときだけの釣り場。同じくコマセサビキやウキ釣りなど。未明から早朝は空いていることが多く、朝9時前後に水揚げの船が着くことが多い。

漁港の外側は消波ブロックが高く積まれ、慣れた人ならルアーのシーバスやコマセのウキ釣りでクロダイ、メジナ、イシダイ。スパイク靴とライフジャケットは必着。しらさぎ荘前のブロックは、表面がツルツルで危ないから乗らないほうがいい。

しらさぎ荘の横に駐車場とトイレがあり使いやすい。ここの前の階段状護岸から城崎海岸側へ隠れ根と砂地の海底が続き、ルアーでシーバスとヒラメが出る。

城崎の浜はシロギス場。浜の左側に駐車場があり、目の前に広がる浜で投げる。美しい小さな浜でキス釣りの人が昔から立ち寄る場所だ。浜の左側は磯場で、その際は沖100m付近に隠れ根があり、その付近と手前をサビく。キスは良型が多い。浜の中央付近は沖の根もなく気持ちよく遠投できる。夏から秋は50～80mで数が釣れる。右側はしらさぎ荘からの根となる。右手の根際は沖に遠投すれば砂地に入る。

夏や秋の台風のあとは周囲の磯から海藻が寄せられ、また川からのゴミも多く、回復するまで少し時間がかかる。キスのベストシーズンは8月末から11月初旬。9月の一時期、ピンギスになる。それ以外の季節でも荒れてさえいなければ周年型は見るが、潮は満潮前後から下げを釣りたい。また低水温時は遠投気味の釣りとなる。真夏は海水浴客もいるため、朝夕の短時間の釣り。夏の夕方の風波は活性が上がる。ニベも釣れると30㎝前後と型がよい。ルアーではマゴチとヒラメが周年ねらえる。

天津港と城崎海岸は南向きなので、晩秋から春にかけて風裏となり穏やかな釣り場だ。

ACCESS

クルマ

富津館山自動車道・君津ICより房総スカイライン－鴨川有料道路を経由して山越えで鴨川へ入りR128を勝浦方面へ。鴨川から10分。

天津港～城崎海岸

N
ホテル
中屋
三菱
勝浦方面
ファミリーマート
バイパス
神明川
歩道
城崎海岸
シロギス
ニベ
ヒラメ
シーバス
サヨリ
アジ
クロダイ
イシダイ
メジナ
シーバス
イシダイ
クロダイ
アジ
赤灯
立入禁止
立入禁止
ゲート
アジ
カイズ
サヨリ
マゴチ
カイズ
イワシ
イワシ
シーバス
カイズ
カイズ
カイズ
キビレ
アジ
クロダイ
カイズ
漁協
しらさぎ荘
天津港
128
高梨釣具店
わかしお学校
歩道
WC
車はここまで
128
外房線
鴨川
鴨川

浜崎海岸は美しくて小さなシロギスの浜。中央付近は沖の根もなく気持ちよく遠投できる

港内護岸の先端付近。車を横付けして釣りができる

港の出入り口付近の赤灯側岸壁。外側の消波ブロックは慣れた人向け。しらさぎ荘前のブロックは滑りやすく危険なので乗らないように

しらさぎ荘横のトイレの前にある階段状の護岸。ここから城崎海岸にかけてはルアーでシーバスとヒラメがねらえる

千葉県南房総市和田町

花園海岸

Hanazonokaigan

釣りものカレンダー

春	シロギス	ヒラメ	シーバス
夏	シロギス	ニベ	ワカシ
	ショゴ		
秋	シロギス	ニベ	ヒラメ
	シーバス	イナダ	ショゴ
冬	ヒラメ	シーバス	

古くからドジョウのタタキ釣りによるヒラメ釣りで有名なのが、ここ和田浦周辺の釣り場。昔はそれが冬の風物詩だったが、今はルアーやワームに取って代わり、周年釣り人の姿が絶えない。釣り場は和田浦港寄りの根周り、中央部分（柴海岸）の砂地、花園の根周りとなり、それぞれに駐車場がある。ルアー以外には投げ釣りのキス、ニベなど。特に真夏のシロギスはかなり魚影が濃い。当然、夏から秋の青物も多く、ジグや投げサビキなどなんでも来いだ。

シロギスからヒラメまで

ただし、未明は釣り人天国だが、日が高くなるに従いサーファーが増え始め、夏場の昼間はサーファーで釣りにならない。

海に向かって左側に花園の無料駐車場がある。この前から海に出ると隠れ根点在のポイントとなる。浅くて根が多いから、ここはサーファーがいない。根の間をねらっての釣りとなり、ルアーのロスト、仕掛けのロストを覚悟しての釣りとなる。キス釣りではフロートシンカーを、ルアーはフローティングミノーということになる。根の間の砂地が開けている場所や払い出しを釣る。満潮時は隠れ根がわかりにくいが、干潮時は根が露出するので、投げ釣りの場合、潮の低い時間帯のほうが釣りやすい。ルアーのヒラメは朝夕の満潮時を外すことはできない。

長者川の流れ込み付近に大きな岩があり、ここから西側は沖に根がなく、遠投できれば釣りやすい。が、サーファーもこの辺から和田浦にかけて入るので、季節によっては朝夕の時間に限られる。真夏のキスは非常に魚影が濃く、2〜3色でゾロゾロと釣れる。外洋のキスなのでアタリも引きも強烈で非常に楽しい釣りができる。ただし、サーファーを避けながらの釣りとなるのが面倒だ。夏のサーファーを避けられるポイントに、長者川河口左岸の根周りがある。この辺りからサーファーはいるが、手前に隠れ根があるので、サーファーは沖にいることが多く、その手前の根の中の溝（2〜3色）にキスが溜まっていることがある。これをフロートシンカーでハリ数を減らしてねらうのも面白い。

和田浦駅下辺りから西側は隠れ根が始まり、この辺は大きなヒラメも多い。昼間の干潮時でも、ちょっとした深みを探すとヒラメがヒットする。ヒラメのヒット時間は、朝夕と満潮、干潮の潮替わりというカレイと同じ時間だ。

ACCESS

クルマ

富津館山自動車道終点・富浦ICを下りて、R127を南下。館山市内の「南総文化センター前」交差点を左折してR128を鴨川方面へ。富浦ICから35分。鴨川から128号で5分。

花園海岸

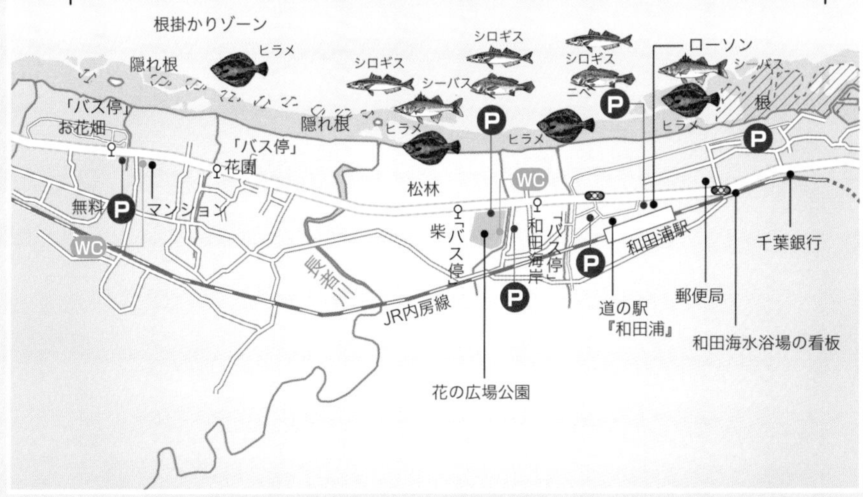

バス停「お花畑」前にある無料駐車場。目の前は根掛かりゾーン

夏場にキスがよく釣れる和田海岸付近。ただし根がないのでサーファーは多め

和田海岸からマンション方向を望む。ここから隠れ根とルアーマンが増え、サーファーは減る

和田海岸にある有料駐車場。左右どちらにも展開しやすい

千葉県南房総市和田町

三島（南三原）海岸

Mishima(Minamihara)kaigan

釣りものカレンダー

春	ヒラメ	シーバス	
夏	シロギス	ニベ	クロダイ
	ヒラメ	シーバス	マゴチ
	ワカシ	ショゴ	
秋	シロギス	ニベ	クロダイ
	ヒラメ	シーバス	マゴチ
	イナダ	ショゴ	
冬	クロダイ	ヒラメ	シーバス

南房一の潮流を攻める！

以前は「投げのキス釣り場」で、今は周年「ルアー釣り場」となっている。海水浴場ではないので、真夏のキス釣りには最適だったが、昨今のサーファーの多さはここも同じ。現在は朝夕が釣り人で、昼間はサーファーの時間という感じか。それでも左右の浜に比べればまだ釣りができるだけマシだ。

ここの浜は、太平洋に面して左右に遮る岬がないので、流れ・波ともに力強い。だから南のつく風と、はるか沖の台風のウネリなどは高波と海藻などで釣りにならないことが多い。また満潮時と干潮時（上げ潮時と下げ潮時）で波の立ち方がかなり違うので、「満潮前後から下げ」の時間帯に入るようにすると釣りやすく、好結果を得られることが多い。

シロギスは、初夏は晴れが1週間続けば午前中はいい釣りができる。しかし、8月以降の真夏は酸欠気味となり、午後の南風で夕方に食いが立つことも多い。そういう酸欠時は、波にもまれている付近がポイントとなる。秋から晩秋は遠近さまざま。凪の満潮時など波打ち際でゾロゾロかかることも。普段はある程度投げたい。遠投で釣れるときは150m以上投げなければ釣れないような日もある。沖で食う時は、流れにオモリを乗せて流れの中でキスをゾロゾロ掛けるようにする。この時に注意することは、流れに合わせて自分も浜を横に動くこと。動かずに釣るとオモリが手前に寄せられてしまい、隣とオマツリしたり、海藻ばかりを釣ることになる。

釣れるのは14～19㎝といった中型で、数釣りで最も楽しめるサイズ。もともと波のある浜なので、内湾で釣れるような10㎝前後の小型はいないのもうれしい。

図示したとおり、所々に露出したり埋まったりする岩盤があり根掛かりすることがある（ほとんどしないときもある）。根掛かりする時は、横に20～30m移動する。またL型テンビンより根掛かりしにくい逆V型テンビンなどを使うのも効果的。

キス以外ではニベが梅雨時から夏に数（25㎝前後）が釣れ、そのまま年末に型（30～35㎝）がよくなる。ほかにクロダイも。ルアーのポイントは浜全体で、ヒラメ、シーバスに夏から秋はワカシ、ショゴなど。マゴチは丸山川の流れ込み付近で釣れることが多い。

ACCESS

クルマ

富津館山道路終点・富浦ICからR127を南下し、館山市内の「南総文化センター前」交差点を左折。R128を進み、丸山町の安馬谷交差点を右折して5分。富浦ICから約30分。鴨川方面からはR128を南下し、千歳からフラワーラインへ。丸山川沿いの駐車場から浜へ。

三島（南三原）海岸

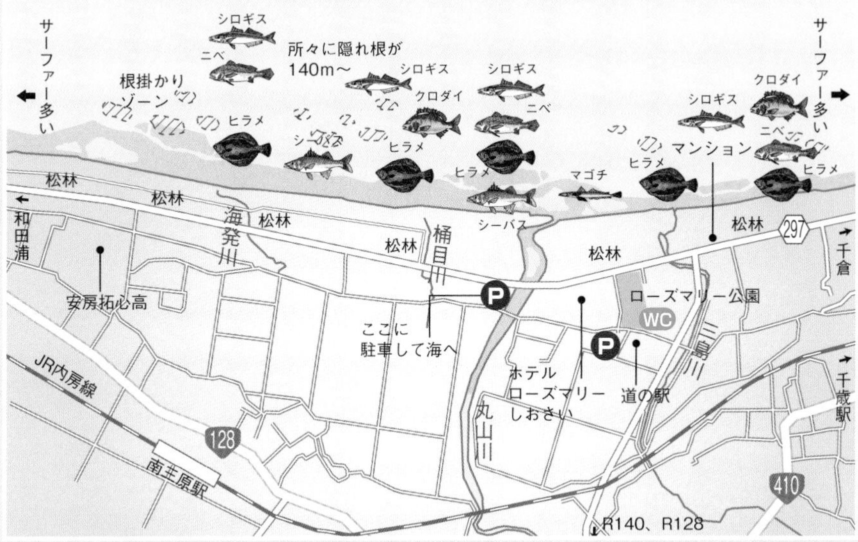

駐車場前から東を望む。夜明け前からズラリとルアーマンが並ぶ

丸山川下流の左岸にある駐車場

駐車場前から西を望む。周年早朝はルアーマンが多く、その後はサーファーが増える

三島川のすぐ横に立つこのマンションが目印

ヒラメやキスで有名だが、昔から良型ニベが釣れることでも知られる

千葉県館山市

平砂浦

Heisaura

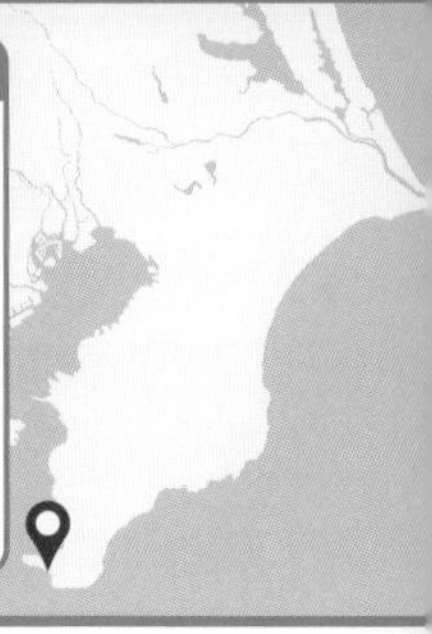

釣りものカレンダー

春	クロダイ シーバス	マゴチ	ヒラメ
夏	シロギス マゴチ	ニベ ヒラメ	クロダイ シーバス
秋	シロギス マゴチ	ニベ ヒラメ	クロダイ シーバス
冬	クロダイ シーバス	マゴチ	ヒラメ

平砂浦は房総半島最南端に位置し、南西正面に伊豆大島を望む約5㎞の砂浜。遠浅で数百ｍ沖に出ても海底が見えるほど浅い。それほど透明度が高いということ。沖は黒潮で大きな河川の流れ込みがないのが水質のよさにつながっている。

以前は、「湾曲している海岸線」の波の低い方面でのサオ出し、という釣り場選択ができたのだが、年々サーファーの数、区域が広がっており、巴川からファミリーパーク前にかけては、夜か早朝の一時しかサオが出せない。どこでもキスをはじめ、マゴチ、ヒラメ、シーバスと釣れるのだが……。

まさに南房総のパラダイス

その平砂浦の中では、ファミリーパークの西側（洲崎寄り）は駐車場から遠く、根が多いことからサーファーが比較的少ない。休日に釣りが楽しめるのは布沼（めぬま）川から坂井川までの約1・5㎞の区間だ。

浜は布沼川周辺が平坦遠浅で、リゾートホテル側ほど遠近左右に凹凸がある。ルアーのヒラメも大変人気のある場所で、周年ルアーマンが未明より波打ち際に立つ。ただし釣果はヒラメよりもマゴチのほうが多い。シロギスは6月ごろから盛期に入り、秋は2色以内で16～18㎝がゾロゾロ掛かる。上手な人なら半日で100尾も珍しくない。真夏は午後からの南風が吹くと風波により活性が上がり、波の中で入れ食いになる。

図のように布沼川から西へ500ｍ付近から沖の隠れ根が始まる。途中に根が開けている場所もあるので、偏光グラスで根の位置を確認したい。また、フロートシンカー（25～20号）に湘南系テンビンを使い、ミチイトをPE1・5号以上にすれば根の中を積極的に攻められる。ハリ数を少なく、ハリスを太め（1・5号）にして根掛かりしたらハリを伸ばして外すという戦略もあり。根周りということでフグが多いので、根掛かりも含め替えバリと仕掛けは多めに用意しよう。フグ対策を考えると、エサはチロリやイワイソメよりもジャリメやアオイソメのほうが間違いない。

館山リゾートホテルより洲崎側は根が続き、投げ釣りは厳しい。ルアーのシーバス、ヒラメねらいの場所。その先に大湊と呼ばれる小さな砂地があり、ここは真冬でもキスが釣れる。

秋から冬にかけてカタクチイワシが寄ると、シーバス＆マゴチ＆ヒラメフィーバーとなる。もちろん、イナダやショゴの青物も。

ACCESS

クルマ

富津館山道路終点・富浦ICからR127を南下。そのままバイパスを直進するとR410経由で現地に。富浦ICから30分。

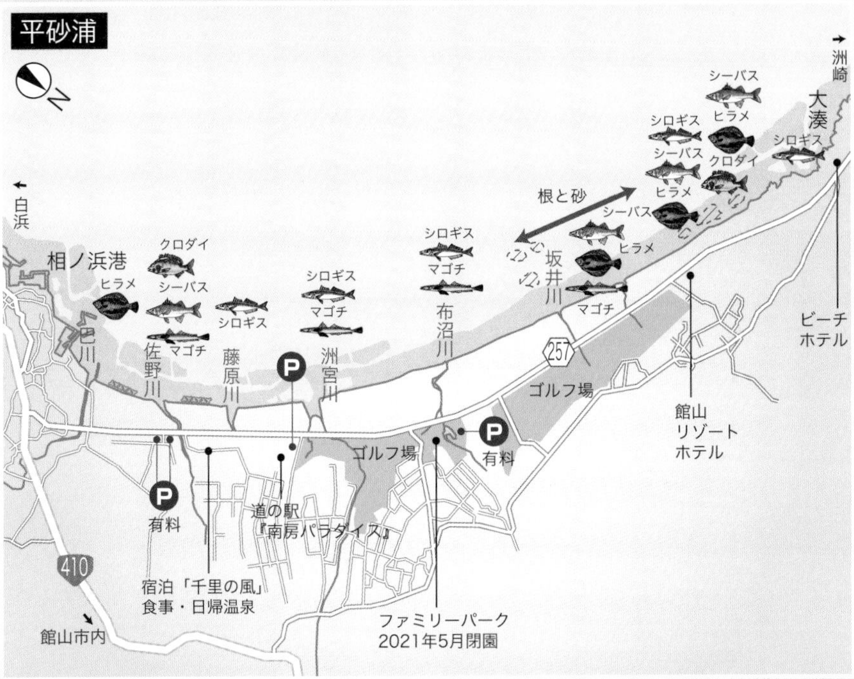

平砂浦

洲崎
大湊
シーバス
シロギス
ヒラメ
シロギス
シーバス
クロダイ
ヒラメ
根と砂
シーバス
白浜
相ノ浜港
クロダイ
ヒラメ
シーバス
マゴチ
シロギス
シロギス
マゴチ
シロギス
マゴチ
ヒラメ
坂井川
マゴチ
巴川
佐野川
藤原川
洲宮川
布沼川
257
ゴルフ場
ビーチホテル
館山リゾートホテル
ゴルフ場
有料
有料
道の駅『南房パラダイス』
410
宿泊「千里の風」
食事・日帰温泉
ファミリーパーク
2021年5月閉園
館山市内

ゴルフ場下。夜明け前からヒラメねらいのルアーアングラーが等間隔で並ぶ

周辺には駐車場が点在している。駐車場からの距離や根の多さはサーファーの数と大きく関係する。ここは布沼川西隣にある有料駐車場

館山リゾートホテル前の根際も有望

変化に富んだ巴川前。ここからファミリーパーク前にかけては特にサーファーが多く、夜から早朝以外は釣りがしにくい

千葉県館山市

坂田海岸

Bandakaigan

釣りものカレンダー

春	カワハギ　クロダイ　イシダイ　アオリイカ
夏	シロギス　カワハギ　マゴチ　アオリイカ
秋	シロギス　カワハギ　マゴチ
冬	クロダイ

小磯、小突堤、砂浜の混在する豊かな海

坂田（ばんだ）海岸といえば、昔は「落ちギス場」。その後「大ギス場」で、現在はルアーの「マゴチ場」だろうか。

漁港の堤防は、釣りは認められているが車の乗り入れは漁業者の邪魔になるので禁止されている。堤防中程から根に囲まれた狭い砂地に投げて、数は出ないもののシロギスやマゴチが釣れる。キスは一発大型（28〜26㎝）が昼も夜も実績がある。注意することは、毎朝定置網の漁船が出入りするので、作業の邪魔にならないように（遠投してミチイトを引っかけられないように）。堤防延長方向から外向き全体は海底が根であり、カワハギやクロダイ、マダイなどが釣れる。エギングでアオリイカも。外道でウツボ、アナゴ、ヘビ、エイなどゲテモノ系も多い。漁港手前の外向きに磯場が広がっており、投げてもかなり浅いが、長根の間の砂地で待ってカワハギとイシダイ、クロダイなどが釣れる。

浜は中央岩盤の両サイドから投げる。沖の根際まで200m弱あるので届くことはないが、昼間は遠投気味でキスの型がよい。どちらかというと右の浜のほうが遠投しやすい。左の浜は、遠投すると沖にブイやロープなどの障害物に掛かることがある。中央の岩盤は満潮時に隠れ根となり、夜間の大型ねらいはこの際も捨てがたい。この浜は10月ごろに落ちギスの群れが入ると、1〜2色で入れ食いになり、短時間で1束（100尾）釣りも可能だ。秋に浜に釣り人が多かったら注視してみよう。

右の岩場は、高さはないものの足場が悪く、特に満潮時は凹凸で慣れた人向き。潮が下げると一段平らな磯が露出して広くなる。手前20mほどが根になり、その先は遠近どこでもキスが釣れる。もちろん根際なのでキスの型がよい（28〜26㎝も）。満潮時と干潮時の潮替わりは大型のねらいめ。マゴチも同じ時間に。ほかにカワハギやホウボウの回遊もある。回収時に手前の根に引っかかりやすいので、ハリ数を少なくしフロートシンカーを使おう。ここでは1本ザオでも三脚があると便利。周囲の岩盤は砂岩なので非常に滑りやすい。潮位に関係なくスパイクブーツでないと釣りにならない。

なお、現在は海岸周辺に車が止められなくなっており、バス通りの空きスペースや離れた場所へ駐車しての長距離徒歩移動となる。

ACCESS

クルマ

富津館山道路終点・富浦ICからR127（館山バイパス）を進み、「鶴谷八幡宮入口」を右折。海岸通り（北条海岸）に出て、自衛隊の前を左折し洲崎方面へ。富浦ICから約20分。

坂田海岸

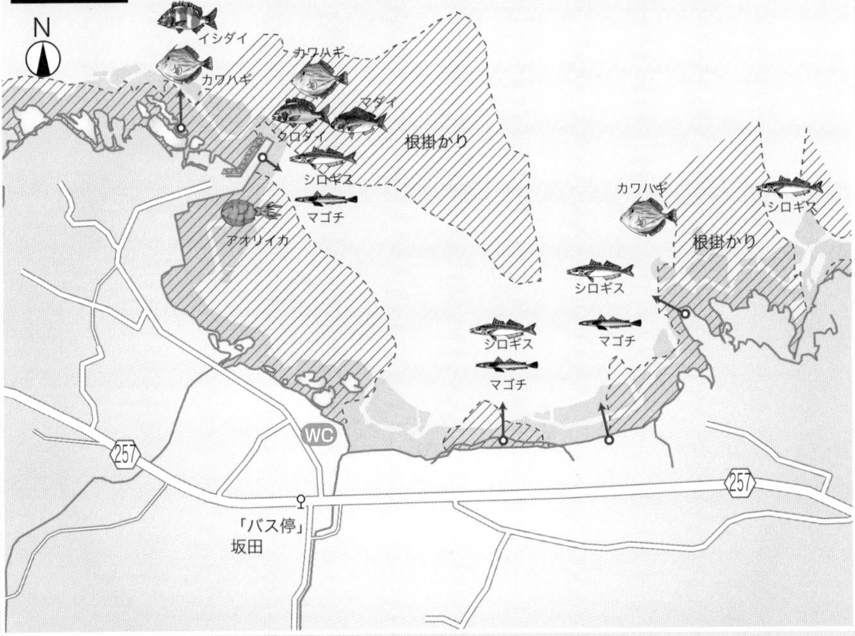

N
イシダイ
カワハギ
カワハギ
マダイ
クロダイ
シロギス
マゴチ
アオリイカ
根掛かり
カワハギ
シロギス
根掛かり
シロギス
シロギス
マゴチ
マゴチ
WC
257
257
「バス停」
坂田

坂田海岸全景

坂田港外磯。かなり浅いが根の間の砂地でカワハギ、イシダイ、クロダイなどが釣れる

漁港の堤防は、釣りは認められているが車の乗り入れは禁止されている。毎朝定置網の漁船が出入りするので作業の邪魔にならないように

右の岩場は慣れた人向き。潮が下げると手前 20 mほどが根になり、その先は遠近どこでもキスが釣れる

この界隈はどこもマゴチが多い。プラグでもワームでも食ってくる

千葉県館山市

見物港～見物海岸

Kenbutsukou～Kenbutsukaigan

釣りものカレンダー

春	クロダイ シロギス	メバル	アオリイカ
夏	クロダイ シロギス	メバル マゴチ	アオリイカ
秋	クロダイ マゴチ	メバル	シロギス
冬	クロダイ	メバル	

見物堤防は、一見すると周囲が砂地のように見えるが、海底は岩礁帯で投げ釣りは意外と難しい。根は全体的に低く、根と砂地が筋状に斜めに走っている。堤防の沖向き中央付近から角までが釣りやすい。あまりサビかず待ち気味の釣りとなる。フロートシンカーにハリ数を減らすなどの根掛かり対策をすれば面白い釣りができる。根周りなので魚種は豊富。キス、ベラ、カワハギ、マゴチ、昼間はチャリコ、夜はクロダイにマダイサイズ（30～40㎝）も釣れる。遠投しても水深はかなり浅い。また堤防先端方向は根掛かりがきつく投げられない。ルアーやエギングによい。

港内にはアマモなどの海草が繁茂しているので、メバル、イカの数は多い。堤防内外先端方向含めメバリング、エギングができる。

港内に小さな堤防があり、ここからチョイ投げで良型のキスとマゴチが出る。ウキフカセでクロダイもねらえる。朝夕夜間の満潮時がねらいめだ。

見物堤防と大きな岩の間にこぢんまりとした浜がある。それが見物海岸だ。ここは100m も投げると沖の根に引っかかるので、近投釣り場。満潮でキスが入ってくるし、8月以降はマゴチも入ってくる。

見物海岸中央の大きな岩の上から、真正面は砂地が抜けており、やや左側70m付近に根の頭があり、そのまま見物港方面につながっている。その根の手前の砂地に大きなキスやマゴチが入ってくる。真夏から秋がねらいめ。沖の根周りは当然キスの型がよい。足下の岩盤は浅く、普段は釣りにならないが、満潮時に荒れ気味だとクロダイのコマセ釣りができる。

駐車スペースに困らない

見物海岸バス停前の浜は、駐車場が目の前だから釣りやすく人気がある。真正面に根の切れ目があり、この付近に遠投して待つと良型のキスが出る。夏場は海水浴場になるのと、ボートの出入りが多いのが難点。ただし、夏は夕方にキスが入ってくるので夕涼みに短時間楽しめる。ここより右手は鳩山荘方面にかけて、100m付近で沖の根にかかるので4色以内の近投釣りとなる。

『休暇村館山』の前に、宿の駐車場以外に一般者用駐車場がある。チョイ投げや家族連れで楽しむには、この一帯はうってつけだ。

ACCESS

クルマ

富津館山道路終点・富浦ICからR127号（館山バイパス）を進み、「鶴谷八幡宮入口」を右折。海岸通り（北条海岸）に出て、自衛隊の前を左折し洲崎方面へ。富浦ICから約20分。

見物港～見物海岸

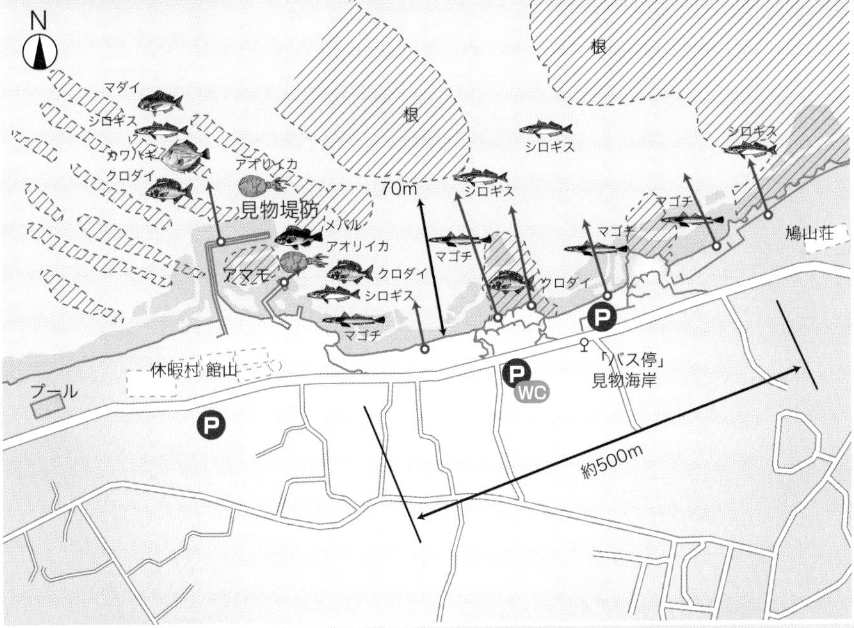

N
根
根
マダイ
シロギス
カワハギ
クロダイ
アオリイカ
見物堤防
メバル
アオリイカ
アマモ
クロダイ
シロギス
マゴチ
70m
シロギス
シロギス
マゴチ
クロダイ
マゴチ
マゴチ
シロギス
鳩山荘
休暇村 館山
プール
「バス停」
見物海岸
WC
約500m

見物堤防。周囲は根が多く投げ釣りは意外に難しい

中央岩場よりも左（西）の砂浜

中央岩場。沖の根の手前の砂地に大きなキスやマゴチが入ってくる

休暇村館山前の無料駐車場。見物海岸の中央岩場付近にも駐車場とトイレがある

中央岩場よりも右（東）の砂浜。鳩山荘寄りの岩場まで続く

千葉県館山市

自衛隊護岸

Jieitaigogan

釣りものカレンダー

春	クロダイ アオリイカ	メジナ シロギス	メバル シーバス
夏	クロダイ シロギス シーバス	メバル マゴチ ショゴ	アオリイカ カワハギ ワカシ
秋	クロダイ シロギス シーバス	メジナ マゴチ ショゴ	メバル カワハギ イナダ
冬	クロダイ シーバス	メジナ	メバル

自衛隊の敷地に隣接した東西約1㎞の釣り場。通路の脇にそのまま駐車できるので、車横付けのお気楽釣り場。足場がいいので家族連れにも人気だ。北に面しているので、南風の強風時の逃げ場でもある。海底は沖が砂地で手前に根が多い。

造船所横からあずま屋の先に低い磯場が広がっており、ここは隠れ根を目視し沖の砂地へ投げる。浅いのでフロートシンカーとハリ数の少ない短い仕掛けが条件となる。遠投するほどキスの魚影は濃い。また、良型ねらいの仕掛けとエサ（チロリやイワイソメ）で待つと、25㎝以上のキスが掛かる。メゴチ、ベラ、カワハギなど他魚も多い。浅いので満潮前後から下げをねらい、なおかつ風波が少しあるくらいのほうが活性は高くなる。造船所の際は足もとから造船所に沿って沖に砂地が続いており、投げてキス、マゴチが、ウキフカセでクロダイもねらえる。

磯場の先から角までは直線700mの釣り場。図にあるとおり根があるので、投げ釣りは看板前の根以外の場所がメインとなる。30m以上投げて沖の砂地を釣ることになるが、60mくらいまでは根が多いので、これまた偏光グラスで目視して確認したい。遠投するほど根は少ない。カワハギの大型が回遊することもあり、夜釣りではクロダイ、マダイ、アナゴが出る。ただしマアナゴではない。角から斜めに投げると沖に根があり、春先に大型のキスが出る。

投げ釣り以外では、どこでもクロダイ、メジナのウキフカセができ、一年中釣り人の姿が絶えない。ところどころに出ている排水口の上を釣り座にしている人が多い。排水口から6m付近に護岸に沿ってケーソンが敷いてあり、その先を釣ることになる。水深は満潮時で3mほどと浅い。夏場にシマダイ、秋にイシガキダイが混じる。ほかにルアーでシーバスや夏場に青物、コマセサビキのアジなどと釣り物は多彩。夜はメバルとアオリイカもねらえる。

釣り場全体で、沖の根際に漁網が入っていることが多く、ブイの位置に注意して回収できる場所で投げるようにする。

ここの釣り場はコンビニが近く車を止められることからレジャーランド状態に混雑する海釣り施設よりもはるかにゆったり楽しめる釣り場だ。一帯はキャンプやバーベキューが禁止されているので、貴重な釣り場を減らさないようにマナーを守って楽しもう。

車を横付けできる南風の逃げ場

ACCESS

クルマ

富津館山道路終点・富浦ICからR127（館山バイパス）を進み、「鶴谷八幡宮入口」を右折。海岸通り（北条海岸）に出て、自衛隊の前（セブンイレブン）を右折。富浦ICから約20分。

自衛隊護岸

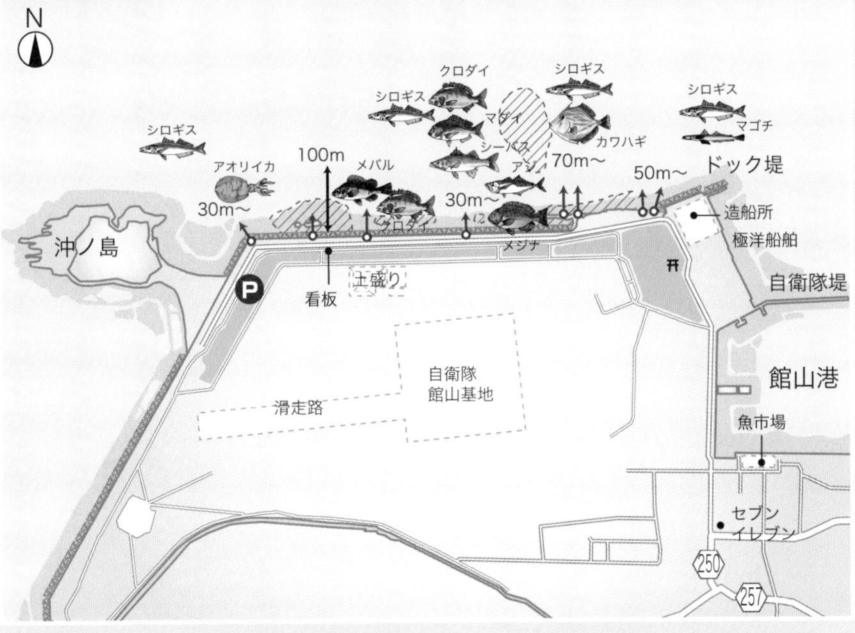

中央付近の足場。敷石がゆるやかな傾斜で積まれている。背後に駐車できるスペースがあり、コンビニも近くて便利。くれぐれもゴミは持ち帰り釣り場を汚さないこと

あずま屋下の磯場

沖ノ島寄りの角付近。ここに限らずどこからでもウキフカセ釣りでクロダイ、メジナがねらえる

造船所脇の低い磯場

千葉県館山市

八幡海岸

Yawatakaigan

釣りものカレンダー

春	クロダイ	キビレ	シーバス
夏	シロギス キビレ ショゴ	ニベ シーバス イナダ	クロダイ マゴチ
秋	シロギス キビレ ヒラメ	ニベ シーバス ショゴ	クロダイ マゴチ イナダ
冬	クロダイ シーバス	キビレ ヒラメ	ニベ

波静かな館山湾の最奥に位置し、館山市内の中心地から外れた八幡海岸から那古海岸は、平久里川の恩恵もあり自然豊かな砂浜だ。その上、幹線道路から近く、釣り場に入りやすいのもありがたい。一見すると何の変哲もない浅い浜だが、意外にもシロギスやニベが多数接岸したり、シーバス、マゴチ、ヒラメ、クロダイ、キビレなどの大型魚が釣れたりする。これらのことは、平久里川の存在がもたらすものだろう。平久里川の河川内には、マハゼやウナギ、モクズガニ、セイゴ、キビレの幼魚が生息しており、豊かな生態系が残っている。

のんびり雰囲気を楽しみたい人に

川の左側、駐車場の前の八幡海岸は、いつも穏やかで釣りやすい。遠投しても浅く変化に乏しいので普段は小型のキスが主となる。セオリーどおり遠投して丁寧にサビく釣り。荒れたあとのニゴリでニベが寄る。晩秋の落ちギスは、型のよいのがこの辺でも釣れる。ルアーでシーバスやマゴチ、夏から秋のイナダ、ショゴ。

平久里川の河口は、ここ数年八幡海岸側へ流れており、昼間はキス、夜はクロダイ、キビレ、ニベ。ルアーのマゴチにときどきヒラメも釣れる。川の近くなのでフグも多い。川の流れによって小石が露出している部分も多く、通常の小バリのキス仕掛けだと根掛かりもする。フロートシンカーとハリ数を減らした仕掛けの工夫も必要。浅いので満潮前後から下げをねらいたい。

八幡海岸の端にあるヘッドランド（石積み）から投げると、浜よりも距離が稼げる。沖に根も海藻もなく釣りやすい。満潮時にキスが入っていれば、砂浜と平行にチョイ投げで釣れる。ルアーでシーバス、マゴチ、エギング。夜釣りでキビレ、クロダイ、ニベ。

平久里川右岸は、対岸の那古船形側から入る。こちらも河口以外は変化に乏しい砂浜で、遠投してサビく。ルアーでは移動しながら釣ることに。釣り人の少ないことが多く、のんびり釣るには最適だ。湾奥で流れもないため、西風で荒れたあとや豪雨のあとは、海底にゴミや海藻などの堆積物が多い。そのようなときは、遠投するか大きく移動するしかない。波打ち際に打ち寄せられたゴミを注視しよう。

ACCESS

クルマ

富津館山道路終点・富浦ICからR127（館山バイパス）を左折し、「鶴谷八幡宮入口」を右折し突き当たりが「八幡海岸」。ICから10分。

八幡海岸

N
クロダイ
キビレ
ニベ
シーバス
マゴチ
シロギス
浅い瀬がある
シロギス
ニベ
シロギス
那古海岸
シロギス
マゴチ
シロギス
シーバス
八幡海岸
たてやま
夕日海岸ホテル
ハゼ
市民運動場
館山大橋
正木
平久里川
イオンタウン
内房線
→那古船形駅
302
↓
鴨川・千葉

八幡海岸の端にあるヘッドランド（石積み）。沖に根も海藻もなく釣りやすい

イオン前付近はいつも穏やかで釣りやすい

平久里川の河口。ここ数年八幡海岸側へ流れており、ルアーのマゴチにときどきヒラメも釣れる

八幡海岸信号前付近

平久里川河口右岸へは「正木」から入る。ネット際が目印

千葉県館山市

堂の下堤防周辺

Dounoshitateibou-syuuhen

釣りものカレンダー

春	シロギス	クロダイ	メジナ
	アオリイカ		
夏	シロギス	クロダイ	マゴチ
	アオリイカ	ショゴ	イナダ
	アジ		
秋	シロギス	クロダイ	マゴチ
	ショゴ	イナダ	
冬	シロギス	クロダイ	メジナ

観音様に見守られて

大房岬の付け根に位置するため北風に強く、冬場から春先も含めほぼ1年中シロギスが釣れる。

背後に「崖ノ観音」を望む砂浜は、投げのシロギス。沖に根はなく、セオリーどおり遠投して波打ち際までサビく。黒い砂地なので釣れるキスも黒っぽい。他魚はフグとメゴチ。朝夕夜は、大きめのハリとエサで待ち気味の釣りで25㎝以上の良型キスが出る。夜はほかに、クロダイとアナゴ（マアナゴではない）、濁るとゴンズイ。浜の左側に消波ブロックが入っており、この際で待つと良型キスが出る。

右手の堤防は、「堂の下堤防」とか「丸山堤防」と呼ばれ、昔から大ギス釣り場として知られ、沖側一帯でじっくり待つ釣りがおすすめ。キスねらいの他魚にクロダイ、マダイ（40㎝以内）、マゴチ。沖へ投げるほどなだらかに水深は深くなる。満潮時には堤防内側のごく近い場所で大きなキスが出るので、内向きを軽いオモリで静かにねらうことも忘れずに。堤防付け根の磯の上から投げても、堤防同様も良型のキスやクロダイをねらうことも可能。こちらは足もとから20mほど浅く根が張り出しているので、投げ釣り限定の場所。磯が平らで足場はよい。

先端側は消波ブロックが入っているのでスパイク底の履き物で釣ること。ブロック自体は小さいので釣りにくさはない。ウキフカセのクロダイ、メジナ、アジも。夏から秋にかけて、ルアーでショゴ、イナダ、エギングのアオリイカ。

堤防の右側の浜は、昔「ミラービーチ」というホテルがあったので通称「ミラービーチ下」と呼ばれるキス釣り場。根に囲まれた砂地での釣り。近くに駐車スペースがないので、崖ノ観音下から歩いて行くことになる。攻められていなければいい釣りができるかも。遠投するほど釣果はよく、手前に根が多い。

船形港寄りの造船所横の釣り場は、造船所に平行に投げて大きなキスが出る。根掛かり（根と牡蠣殻など）が多く、根掛かり対策が必要。ハリ数を少なく、フロートシンカーで待ち気味に釣る。他魚はメゴチ、クロダイ、マゴチ。その手前の小さな浜は、投げられる範囲が狭く2人以内の釣り場。やはり型のよいキスが釣れる。いずれの釣り場も梅雨から夏の夜はねらいめ。

ACCESS

クルマ

富津館山道路終点・富浦ICからR127（館山バイパス）を富浦側へ戻り、多田良交差点を左折して現地へ。ICから5分。

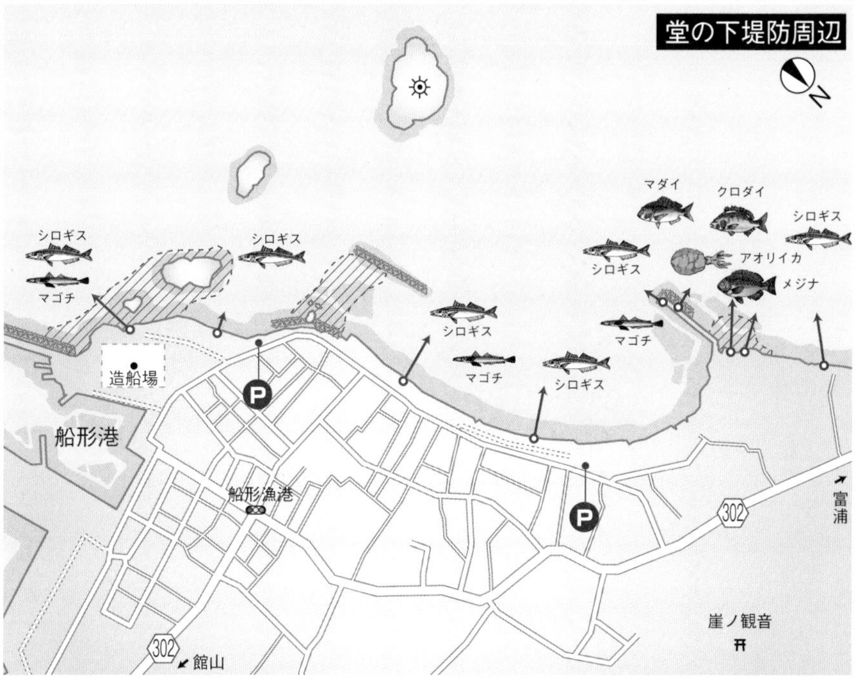

堂の下堤防周辺

マダイ
クロダイ
シロギス
アオリイカ
メジナ
シロギス
マゴチ
シロギス
シロギス
マゴチ
シロギス
マゴチ
シロギス
造船場
船形港
船形漁港
302
富浦
崖ノ観音
302
館山

背後にそびえる崖ノ観音

崖観音下浜全景

堂の下堤防は昔から大ギス釣り場として知られる

造船所横の釣り場は根掛かりしやすいが造船所と平行に投げて大きなキスが出る

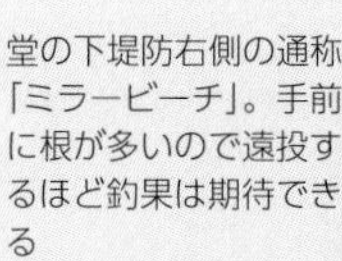

堂の下堤防右側の通称「ミラービーチ」。手前に根が多いので遠投するほど釣果は期待できる

千葉県南房総市富浦町

富浦新港

Tomiurashinkou

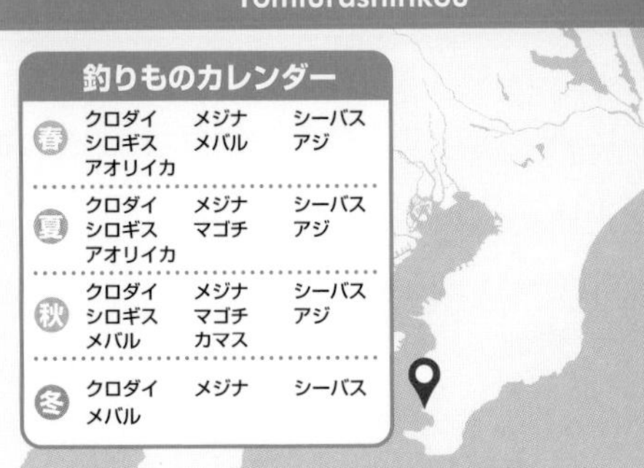

釣りものカレンダー

春	クロダイ	メジナ	シーバス
	シロギス	メバル	アジ
	アオリイカ		
夏	クロダイ	メジナ	シーバス
	シロギス	マゴチ	アジ
	アオリイカ		
秋	クロダイ	メジナ	シーバス
	シロギス	マゴチ	アジ
	メバル	カマス	
冬	クロダイ	メジナ	シーバス
	メバル		

房総半島は南からの強風や台風の余波など、外海側からの荒れに弱いが、唯一ここ富浦新港だけは大房岬に遮られ釣りができる場所。港内にトイレや漁協直営の直売所や食堂があり、観光客や釣り人への理解があるのもありがたい。

主な釣り場は左から伸びる赤灯堤防。駐車スペース前にある護岸は消波ブロックが入っているが、それほど大きくなく高さもないので、ウキフカセのクロダイ、メジナ、メバルや、ルアーシーバス、エギングのアオリイカ、投

大房岬に遮られた南風の逃げ場

げてシロギスやチャリコなどがねらえる。消波ブロックの切れた先は足場がよく、ウキフカセのクロダイ、メジナ、サビキ釣りでアジ、イワシなど家族連れに人気の場所だ。常にコマセが入って小魚がいるので、泳がせ釣りでマゴチ、ヒラメも釣れる。先端部分は再び消波ブロックが入っており、沖へ投げてシロギスがよい。港の出入り口なので当然のこと船の航行に注意したい。堤防の付け根に小さな浜があり、ここから投げてもシロギスがねらえる。ここは朝夕や夜間に大型のキスが回遊するので、大きめの仕掛けで待ち釣りをすると25cm以上のサイズが出ることも。

多田良海岸から伸びる右側の堤防（白灯堤防）は、堤防の幅も広く駐車しやすいが、多田良海岸側は浅い砂地で投げ釣りのシロギスと、まれにマゴチも。かなり浅いので朝夕や満潮から下げをねらう。港内側護岸は足場がよくサビキ釣りでイワシなど。角から先端に向かって堤防の幅は狭くなる。沖向きでウキフカセ釣りのクロダイと投げ釣りのシロギス、ルアーでマゴチ。

お隣の多田良海岸は、6月以降に水温が高くなれば近い距離でシロギスが釣れる。キスが釣れるようになればマゴチも接岸する。朝夕の満潮時などは空いている浜をのんびり投げ歩くのもよい。9月末から10月初旬はピンギスが波打ち際で釣れるので家族連れで楽しむことも。

R127から大房岬へ曲がる道路際にコンビニと田仲釣具店☎0470・33・2171）があり、富浦新港の釣況に詳しいので、ここでエサや仕掛けを買って情報を教えてもらうのが釣果への早道かと。

ACCESS

クルマ

富津館山自動車道終点・富浦ICを出てR127を右折して5分。

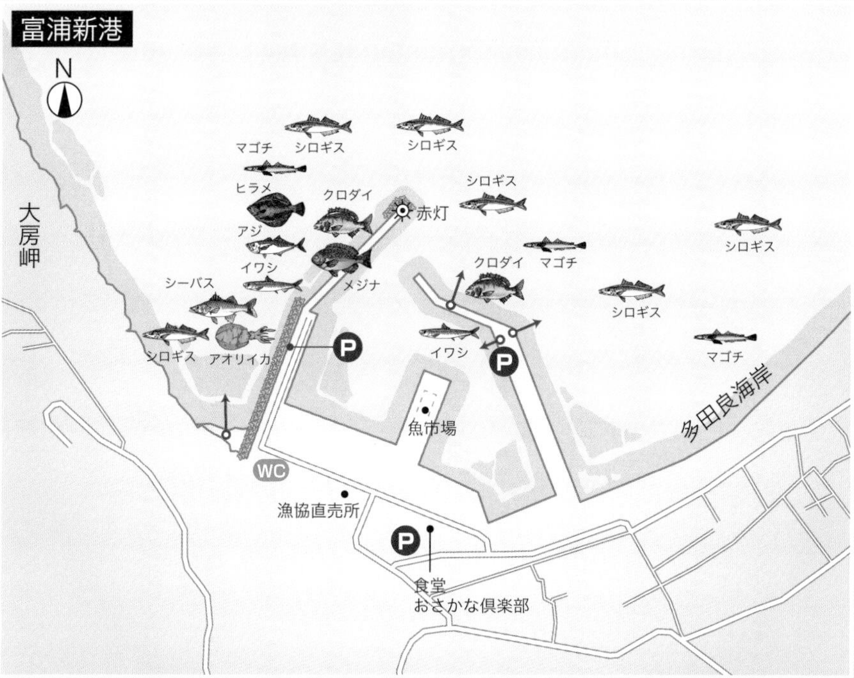

富浦新港

N
マゴチ
シロギス
シロギス
ヒラメ
クロダイ
赤灯
シロギス
アジ
シロギス
大房岬
イワシ
クロダイ
マゴチ
メジナ
シーバス
シロギス
イワシ
シロギス
アオリイカ
マゴチ
P
P
魚市場
多田良海岸
WC
漁協直売所
P
食堂
おさかな倶楽部

堤防外側の浜。朝夕は大型のキスの回遊がある

堤防先端付近を望む。常にコマセが入っているので小魚が多く、泳がせ釣りでマゴチ、ヒラメ、ヒラフッコなどがねらえる

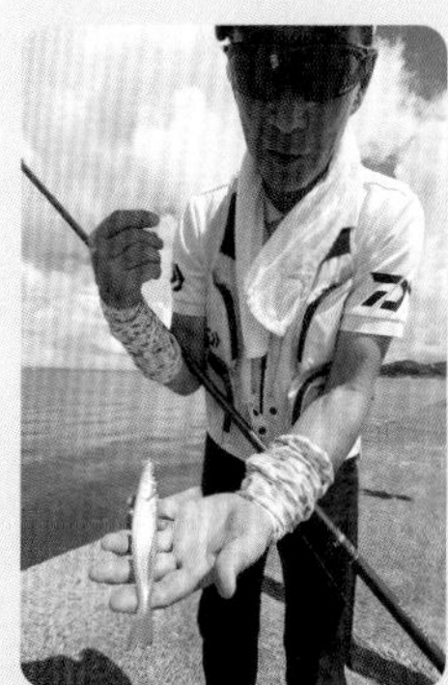

堤防や消波ブロックから投げればシロギスが釣れる

岩井富浦漁業直営食堂の『おさかな倶楽部』。食事は11～15時（売り切れしだい終了）、月曜定休（祝日は営業）

多田良海岸から伸びる右側の白灯堤防

千葉県南房総市富浦町

南無谷

Namuya

釣りものカレンダー

春	シロギス　クロダイ
夏	シロギス　クロダイ　マゴチ
秋	シロギス　クロダイ　マゴチ
冬	クロダイ

数より型のシロギス場

南無谷の浜は、国道から目視できず海岸への入り口がわかりづらいうえに道が細いので、素通りされやすい。

浜は図のとおり適度に根（岩盤）が点在しており、型のよいキスが多い。根の多さから昼間はフグが多く、チロリやイワイソメ（本虫）を投げているとすぐにフグが集まりハリスを切っていく。そのフグも夜になると少しおとなしくなり、まさに夜釣りに適した釣り場といえる。

キスも昼間に釣れる小型は減り、良型がポツン、ポツンと釣れる。つまり数は望めないが（2～5尾くらい）、釣れればそれなりの大きさという夜釣りらしい釣果になる。近年は全国的に大型のキスが減少傾向で、ここも同じだ。以前のように28～26㎝クラスは難しいかもしれないが20㎝以上の型は期待できる。ポイントは浜のどこでも実績があり、入った場所で回遊を待つのがいいだろう。根の位置を知らずにサビくと、根掛かりばかりとなるので釣りづらいときは横に少し移動しよう。

また根掛かり対策として、ミチイトをPEに、オモリをフロートシンカーに、仕掛けのハリ数を少なくするなどが必要となる。置きザオにして、ときどき静かに手前に動かし誘いを入れる。浅い内海なので静かに釣ろう。

昼間のキス釣りは、浜の両サイドが釣りやすい。左側の山崎海岸は根に囲まれた狭い砂地で遠投可能。ただし定員は2人以内。右側は漁港の手前に大きな岩があり、その手前から投げると沖の砂地が開けており釣りやすい。ノーマル仕掛けでも遠投してサビくことができる。

浜の右岸にある港の堤防は、潮位が高いと足下を波が洗うのでスパイクブーツ必着となる。先端のみの釣り場。

雨のあとや荒れたあとなどニゴリのある日は、中央河口付近の沖でクロダイが釣れる。エサはイワイソメやユムシがよい。30㎝前後のニベが数釣れることもあるし、ゴンズイの入れ食いに閉口することも。

ほかに浜全体で、ルアーのマゴチとソゲクラスながらヒラメが出る。

小さな集落に面した釣り場なので、夜間の釣りは静かに行なおう。たき火や花火はいうまでもないが、飲酒、バーベキュー、話し声、車のエンジン音などにも注意したい。砂浜なので、竿立ては三脚ではなくポールタイプのものを使い、2本並べてアタリを待つ。穂先ライト、ヘッドライトを忘れずに。

ACCESS

クルマ

富津館山道路・鋸南富山IC～R127でICから15分。海岸への入り道が狭いので要注意。

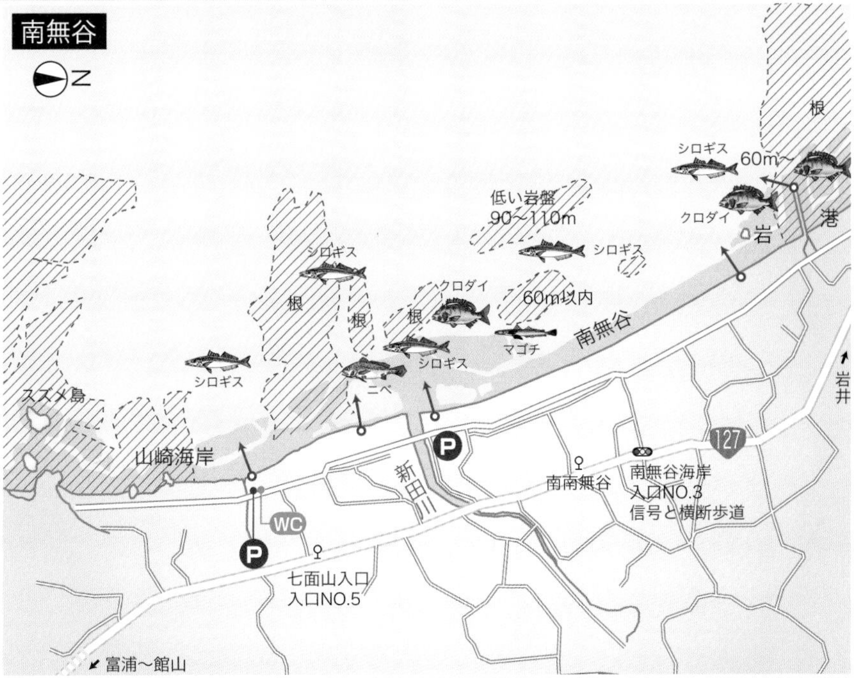

南無谷

N
根
シロギス
60m～
低い岩盤
90～110m
クロダイ
岩
港
シロギス
シロギス
シロギス
クロダイ
60m以内
根
根
根
南無谷
マゴチ
シロギス
シロギス
ニベ
岩井
スズメ島
山崎海岸
P
127
新田川
南南無谷
南無谷海岸
入口NO.3
信号と横断歩道
WC
P
七面山入口
入口NO.5
富浦～館山

山崎海岸からスズメ島を望む。

定員２名の小場所

中央の河口付近（渇水時）の沖側はクロダイが有望

浜の北側から堤防を望む。大きな岩の手前から投げると沖の砂地が開けており釣りやすい

堤防は潮位が高いと足下を波が洗うのでスパイクブーツ必着となる。先端のみの釣り場

千葉県安房郡鋸南町

勝山竜島海岸周辺

Katsuyama-Ryujimakaigan-syuuhen

釣りものカレンダー

春	シーバス	クロダイ	メジナ
	シロギス	メゴチ	カワハギ
	メバル	アオリイカ	
夏	シーバス	クロダイ	メジナ
	マゴチ	シロギス	カワハギ
	メバル	アオリイカ	
秋	シーバス	クロダイ	メジナ
	マゴチ	シロギス	カワハギ
	コウイカ		
冬	シーバス	クロダイ	メジナ
	メバル	コウイカ	

頼朝伝説の浮島を前にしたグッドロケーション

竜島新堤から竜島海岸は、昔ながらの小さな港に海岸線には松林もあり、趣のある地域だ。浜には駐車場、トイレ、あずま屋などがあり家族連れに優しい。

浜は沖に浮島が、両サイドが堤防に遮られているため穏やかなことが多い。そのわりにすぐ沖が深く、投げ釣りでは意外と良型のシロギスが混じる。南北に500mほどで、夏場は海水浴場になる。ジェットスキーやマリンスポーツの人も多く、竜島新堤寄りの右岸側がメインの釣り場となる。春は遠投気味で、10月になるとピンギスが波打ち際で、その後落ちギスが近い距離で釣れる。外道に小型のメゴチやヒイラギが多く、置きっ放しにしていると仕掛けがグチャグチャになるので丁寧にサビこう。

ルアーでは佐久間川河口でシーバス。浜全体でマゴチが周年、夏から秋は青物（ショゴ、イナダ）がナブラを立てる。

浜の南側に舟藤堤防（護岸と磯場）があり、勝山港側はクロダイねらいのウキフカセ、ルアーでシーバスとマゴチ、エギングでアオリイカ、スミイカ、メバリング、投げ釣りのシロギス、メゴチ、カワハギ、チャリコ、まれにマコガレイ。砂浜側は水深2m程度と浅いがウキフカセでクロダイ、投げてシロギス、ルアーでマゴチが出る。

浜の右側の竜島新堤は、午後3時から翌朝7時までは釣り禁止となっているので厳守のこと。朝7時から昼間の釣りでシロギス、メゴチ、カワハギ、チャリコ。たまにマコガレイやホウボウも。ウキフカセでクロダイ、メジナ、メバル。エギングやシーバスも人気。

堤防正面には消波ブロックが入っていて遠投しづらいが、120m付近に大きな根があり、水深、潮の流れも申し分なく、その周辺で過去にクロダイ、マダイ、マコガレイが出ている。キスやメゴチも良型が多い。ただし、あらゆる釣りの人気場所なので、入れるかどうかの問題が。堤防の保田向きは多少根があるので、根掛かり対策と置きザオ気味に釣る。堤防は石積みなので、カサゴ、ハタなどの穴釣りも可能。

堤防の付け根に護岸があり、サビキ釣りのアジ、イワシ、チョイ投げでシロギスとメゴチ、マコガレイ。家族連れにも最適だ。隣の竜島港は外向き消波ブロックからメバリングとアオリイカ、ルアーシーバス、クロダイ、メジナ。港内側でコウイカ。

ACCESS

クルマ

富津館山道路・鋸南保田ICからR127に出て10分。

勝山竜島海岸周辺

ミサゴ島
シーバス
カワハギ
マゴチ
クロダイ
シロギス
舟藤堤防
シーバス
シロギス
メゴチ
マゴチ
クロダイ
マダイ
アオリイカ
シロギス
クロダイ
メジナ
竜島港
アジ
イワシ
シロギス
メバル
アオリイカ
WC
WC
立入禁止
大六海岸
保田
宿さざね
レストラン
勝山港
内房線
127
佐久間川
ダイアパレス
マンション
大六海岸・
勝山海岸の看板
G S
勝山駅

舟藤堤防。右に見えるのがミサゴ島、左は浮島

竜島海岸は駐車場、トイレも近くにある人気の釣り場で夏は海水浴で賑わう

竜島新堤は午後３時から翌朝７時までは釣り禁止となっているので厳守のこと。投げ釣りでシロギス、メゴチ、カワハギ、ウキフカセでクロダイ、メジナ、メバル、エギングやシーバス、小型回遊魚も人気

竜島新堤付け根の護岸はサビキ釣りでアジ、イワシ、チョイ投げでシロギスとメゴチ、マコガレイ。家族連れに人気だ

千葉県安房郡鋸南町

保田中央海岸

Hotatyuuoukaigan

入門者やチョイ投げに最適なキス釣り場

駐車場から近く、比較的に空いているときが多いのでファミリーで楽しむにもおすすめのキス釣り場。釣り場が空いているので「釣れないのか?」と思うが、意外にも魚影は濃く年中ムラなく釣れるのがここの特徴。特に7月からは1~2色の距離でも充分。海水浴シーズンでも、海岸中央を避ければ釣りができる。

キスは浜のどこでも釣れる。その日の風向きや波の立ち方やニゴリなどを見て入る場所を決めればいい。保田川に近づくと海底に小石が多くなり多少根掛かるが、良型の回遊も多い。この辺りは満潮時に浜が水没し、護岸からの釣りとなる。潮位が下がると笹濁りとなり、遠投気味で良型を拾えることも。雨の後はゴミが多いので避けたほうがよい。

図示したとおり駐車場正面に隠れ根がある。濁っていなければ目視できる。この根は岩盤状の根で、ノーマル仕掛けでは根掛かりしてしまうが、直線形テンビンやフロートシンカーにハリ数の少ない仕掛けなどにすれば、かなり根掛かりを回避でき、PE0・8号でもサビくことができる。この根際~元名川正面遠投で20㎝クラスが混じる。7月からの暑い時期、この川の付近の近投で小型のキスがよく釣れるようになる。ショートロッドと軽いオモリで釣るチョイ投げに最適だ。このようなときは、硬い投げザオよりも軟らかいショートロッドのほうが、圧倒的に釣りやすく掛かりやすい。

元名川右岸は、根掛かりもなく遠近とも釣りやすいが、大雨の後にゴミが沖(3~4色)に滞留していることがあるので、そのようなときはすぐに移動しよう。

八幡岬手前に小さな流れ込み(橋)があり、これより先に行くと根が近すぎて釣りづらい。この橋の前付近にキスが溜まっていることも多く、地元の人がねらうポイントだ。ここの根際では過去に60㎝オーバーのマゴチが釣れたことも。

キス釣りの外道でヒイラギが非常に多い。またヒイラギは地元では食材となっており、春から夏にかけてヒイラギ獲りの漁船が刺し網を入れることがある。

キス以外では、夏から秋にワカシ、ショゴ、マゴチが浜全体で。シーバスは、保田川河口付近がよい。濁ったときにニベが釣れる。

ACCESS

クルマ

富津館山道路・鋸南保田ICから10分。金谷方面からは、R127沿いにある『保田中央海岸』を右折。JR内房線・保田駅より徒歩5分。

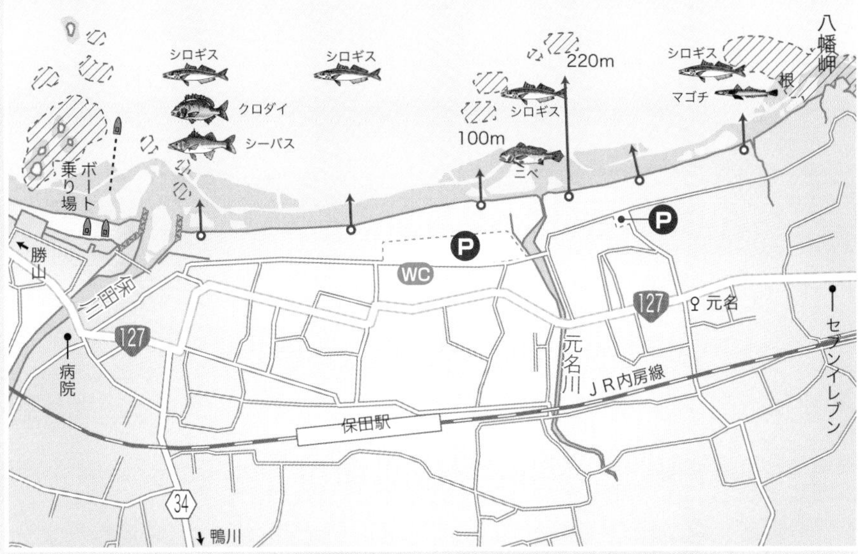

釣り場の前の前にあるきれいな駐車場。海水浴シーズン以外は空いているが釣れないからではない。海水浴シーズンでも中央を避ければ釣りが可能だ。浜全体でシロギスとマゴチが多い

保田川右岸。波打ち際は狭いが良型ギスの回遊がある

きれいなトイレが完備されているのが嬉しい。近くには釣具店やコンビニもあり便利

駐車場から北向きの眺め。投げ釣りは根掛かりもなく遠近とも釣りやすい

浜の北側、八幡岬手前。小さな流れ込み（橋）より先に行くと根が近すぎて釣りづらい。この橋の前付近にキスが溜まっていることが多い

千葉県富津市

布引海岸・下洲港

Nunobikikaigan Shitazukou

釣りものカレンダー

春	クロダイ	キビレ	スズキ
	マゴチ		
夏	クロダイ	キビレ	スズキ
	シロギス	マゴチ	ヘダイ
秋	クロダイ	キビレ	スズキ
	シロギス	マゴチ	イイダコ
冬	クロダイ	キビレ	スズキ
	マゴチ		

富津市の布引海岸は、都会から一番近い自然の浜という立地から釣り人よりもマリンレジャー全般に人気があり、東京、神奈川県からのレジャー客が多い。浜はほぼ真南に面しており、遠浅の平坦な海底で変化に乏しい。そのわりにキスを始めさまざまな魚が釣れ大型魚も多い。

シロギスは梅雨ごろより釣れ始め7月は好調、8、9月は好不調のムラがあり、10月のピンギスから落ちギスに替わり11月中旬まで釣れる。ニベは周年釣れるのだが、南からのウネリや荒れ後の濁ったときだけの釣りもの。釣れると25～35㎝と型がいい。ルアーでは周年マゴチとシーバスがねらえる。たまにヒラメ（ソゲサイズ）も。エサ釣り（イソメやユムシ）のスズキは、12月から翌春4月ごろまで。クロダイ、キビレは周年釣れ、特にキビレは非常に多い。投げで釣れるクロダイは40～50㎝と型がよく、キビレも35～45㎝がほとんど。夏場には30㎝クラスのヘダイが釣れる。カレイは昔は釣れたが今はほとんど姿を見なくなった。フグは非常に多い。

都心から一番近い砂浜

図中Aは砂浜の東側になり、海水浴シーズンのみ「海の家」が建つので、夏場は釣り不能。また、海水浴以外にもジェットスキーが出るので、夏以外の平日釣行や朝夕、夜釣りの場所。駐車場の目の前の、超お気楽釣り場で家族連れに人気。ただし、砂浜にスタックしている車もよく目にする。舗装面から砂地にはくれぐれも出ないように。

Bは松林の路肩に駐車して浜に出る。路肩のところどころに浜に抜ける小道がある。海水浴場付近の混雑を避けてのんびり釣りたいときに入る。

Cは、潮の当たりが強く大物の多い場所。

一方の下洲港は、以前は港全体どこでもサオを出せたが、今は東側の堤防のみ。東堤防は外側一帯に消波ブロックが入っており、一見釣りづらそうだが、先端部分は堤防と高さが同じのうえ平面の多いブロックなので意外と釣りになる。ただしスパイク靴とライフジャケットは必携。

外側全体でクロダイ、メジナ、メバルがウキフカセでねらえる。投げはキス、ニベ、アナゴ、クロダイ、キビレ、スズキ。夏場はカニやカラスガイのヘチ釣り、前打ちでクロダイもねらえる。ほかにルアーでシーバス、マゴチ、夏場に青物、秋にタチウオが寄ることも。

港内側はかなり浅く、ハゼ釣り向け。隣の大貫側の浜はキス、スズキ、マゴチなどが出る。

ACCESS

クルマ

館山自動車道・木更津南ICを富津岬方面へ降りて、R16バイパスを富津岬方面へ。ICから15分で現地。

布引海岸・下洲港

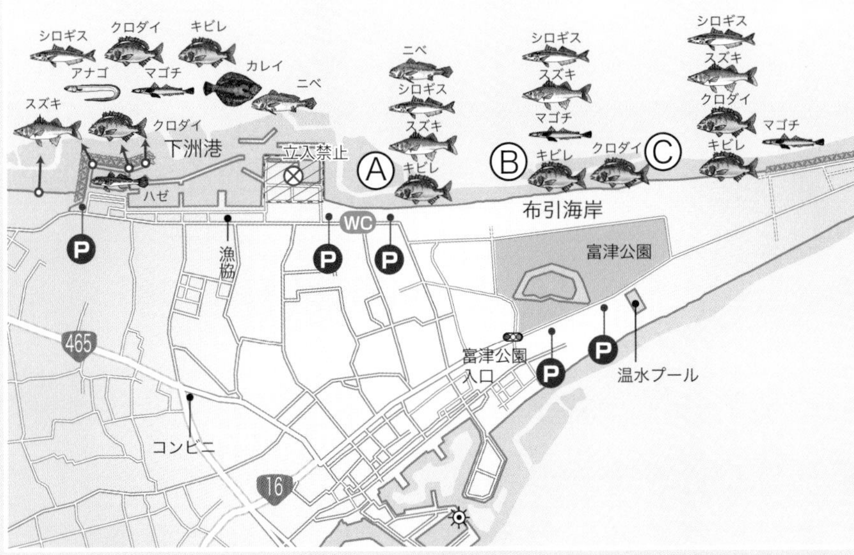

下洲港の釣り場は東側の堤防のみ。外側一帯に消波ブロックが入っているが平面の多いブロックなので意外と釣りになる。ただしスパイク靴とライフジャケットは必着

布引浜はほぼ真南に面しており、遠浅の平坦な海底で変化に乏しいがキスを始めさまざまな魚が釣れ大型魚も多い

港内は足場はよいもののかなり浅くハゼ釣り向け

図中C付近でヒットしたスズキ

夕方になると目の前に富士山が赤く染まりとても美しい

千葉県富津市

富津みなと公園

Futtsuminato-kouen

富津市の「みなと公園」は、埋立地に造った富津埠頭に隣接した緑地公園。北及び西面が海に面しており、欄干で囲った足場のよい釣り場となるが、もともと干潟の上に造ったため非常に浅い砂地だ。護岸の直下も石積みが2mほどあるため、投げ釣り以外の釣りはあまり可能性がない。そのため、「こんなところでスズキやクロダイが?」というイメージなのか、あるいは車横付けできないためか、釣り人の数は少なく比較的のんびりとサオを出せるのがうれしい。

水深は満潮時で直下1m、100m沖で3m弱。

家族を遊ばせながら釣りが楽しめる

海底に根はなく完全な砂地。30m付近から沖にところどころアマモが繁茂している。アマモの量は年によってかなり差があるが、冬場は少ないので釣りやすい。アマモが多いということで、投げてもサビきにくく置きザオの釣りとなる。

釣れる魚は、夏はキスやマアナゴなど一般的に東京湾内で釣れる魚はなんでも。冬場はスズキ(セイゴサイズ~70㎝クラスまで)が主で、ときどきキビレ(35~45㎝)やクロダイ(40~50㎝)が混じる。エサ取りのフグは周年いるが、2月以降は少なくなる。取り込み時のタモは5m以上の長さが必要。

新富水路側はかなり浅く、満潮時の釣り場。冬はこちら側でもスズキやクロダイが釣れるが、船の出入りがあるので、引っかけられないよう注意。また、欄干から石積みに下りて滑ってケガをする人が多いので、絶対に下りないように。

東側の堤防は内外ともアマモ帯があり、うまく攻められるかが釣果の分かれ目となる。港内側は、70~90m付近までアマモが繁茂しているので、その先に投げるとキスやシログチ、アナゴが釣れるが、回収時にアマモにかかるので、PEミチイトとフロートシンカーにして、ハリ数を減らして回収するように釣る。同じ場所で10月末から12月初旬にかけて、アマモ際に投げてカレイ、アイナメ、スズキ、ハゼが釣れる。

外側はアマモが点在という感じで、投げて待つ釣り。夏はシロギス、冬はカレイ、アイナメ、スズキが釣れる。堤防中程から先端寄りにかけて、内外にコマセカゴを投げてサヨリが春から釣れ始め、6~7月にいったん下火になり、8月から晩秋にかけて釣れる。型も30~40㎝と湾内にしてはサイズがよい。シーバスは堤防内外で真冬以外にねらえる。アオリイカもアマモ際で、シリヤケイカは港内に近い砂地で出る。

ACCESS

クルマ

館山自動車道・木更津南ICを富津岬方面へ降りて、R16バイパスを富津岬方面へ。ICから10分で現地に。

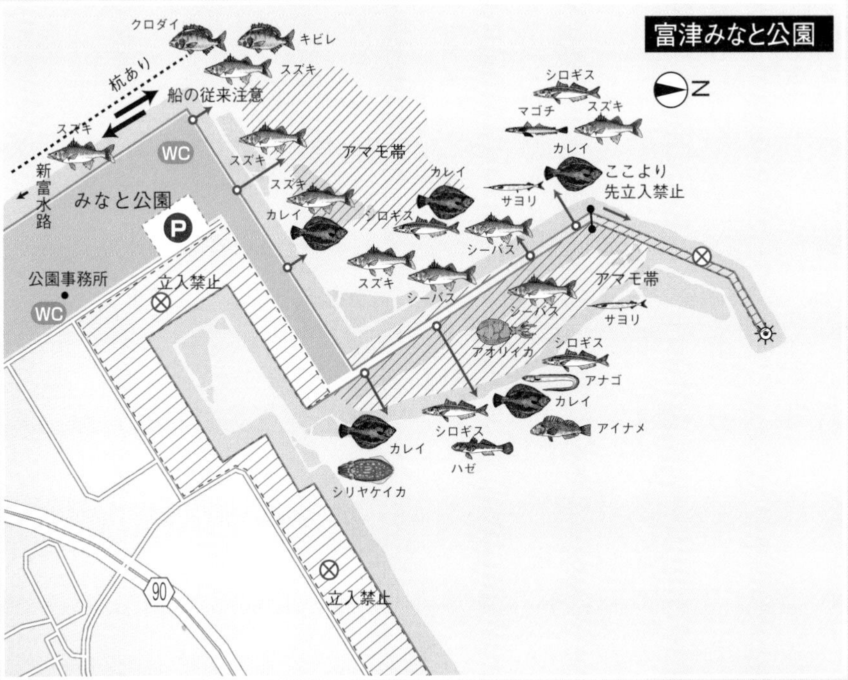

富津みなと公園
クロダイ
キビレ
スズキ
杭あり
船の従来注意
スズキ
新富水路
WC
みなと公園
P
公園事務所
WC
立入禁止
スズキ
アマモ帯
スズキ
カレイ
カレイ
シロギス
サヨリ
シーバス
スズキ
シーバス
シロギス
マゴチ
スズキ
カレイ
ここより
先立入禁止
アマモ帯
シーバス
サヨリ
アオリイカ
シロギス
アナゴ
カレイ
アイナメ
カレイ
シロギス
ハゼ
シリヤケイカ
90
立入禁止

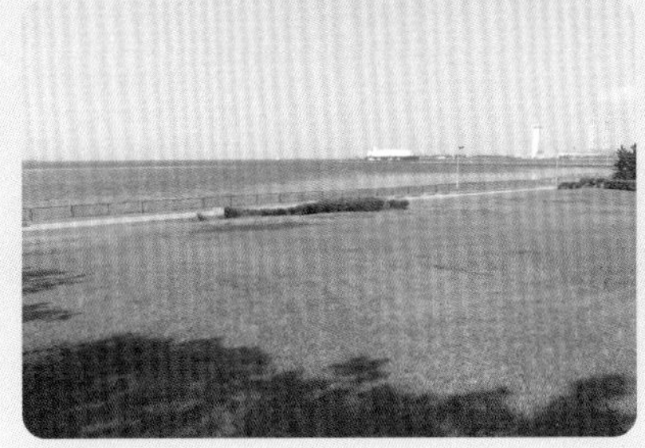

駐車場から海を望む。きれいな芝生が広がっている

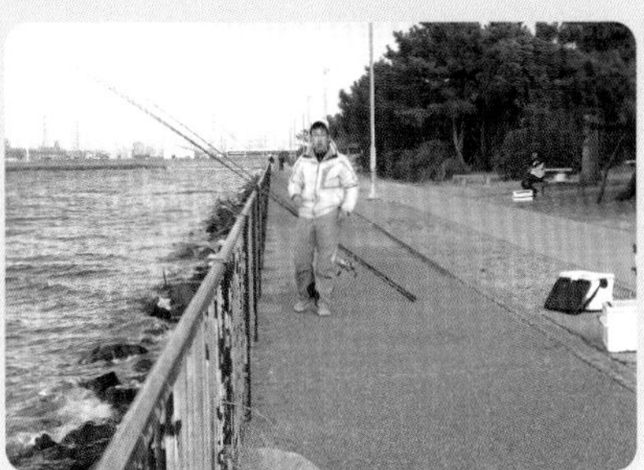

欄干がありファミリーでも安心。欄干がサオ立て代わりになる

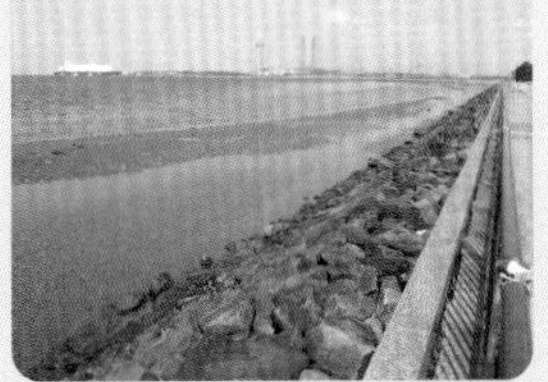

もともと干潟の上に造ったため非常に浅い。大潮干潮時には護岸の直下も石積みの先まで干上がってしまい、投げ釣り以外の選択肢はほとんどない

公園西角付近は満潮時にスズキやクロダイがねらえるが船の往来に注意

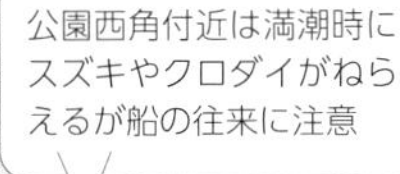

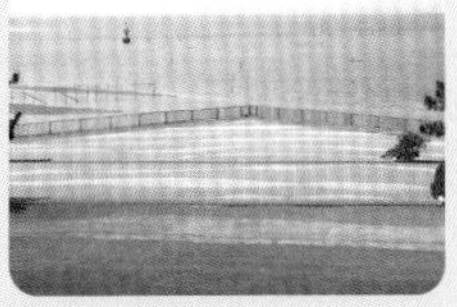

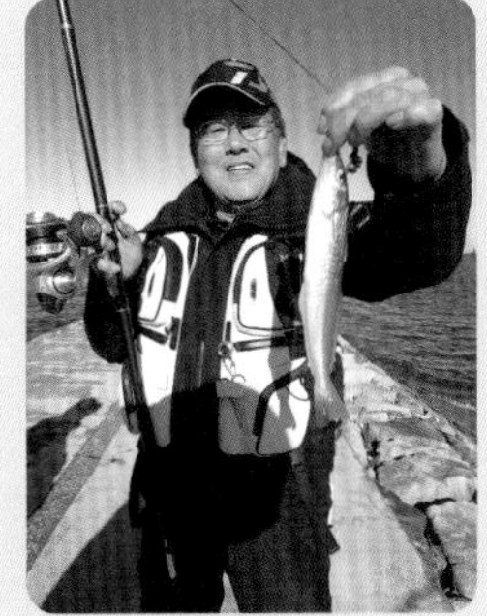

西向きの波止からアマモ場を探ると良型キスが出る

千葉県木更津市

小櫃川

Obitsugawa

釣りものカレンダー

春	クロダイ
夏	シーバス　クロダイ　マハゼ　セイゴ
秋	シーバス　クロダイ　マハゼ　セイゴ
冬	シーバス　クロダイ

東京湾屈指の干潟にそそぐ小櫃川

東京湾にあって、潮干狩り場（久津間）と干潟（畔戸）に囲まれている小櫃川河口は、高度経済成長期の埋め立てから逃れて、貴重な生態系が生き残っている。それゆえ干潟とともに河川内にも甲殻類が豊富で、スズキ、クロダイなどが入り込む。河川内もアシや雑草、雑木が繁茂し、容易に川辺に近づけない。河口の久津間漁港以外では対岸の金田側にあるこの付近が数少ない釣り場だ。

図のようにアクアラインから近く、お気楽な釣り場。川の中での釣りではあるが、上流7㎞ほどのところに潮止め堰堤があるので、この辺は汽水というより完全な海水。

ルアーのシーバスは通年。6月から夏場はルアーでのクロダイも実績が高まっている。投げ釣りのクロダイは通年。投げのスズキは二月ごろから春にかけて。ほかにマハゼ釣りがあり、ほかの場所同様、夏場に小型が数釣れ始め、晩秋に良型が釣れる。投げ釣りは、夕方から夜間の満潮から下げ始めがよく、ハゼは上げ潮が差し始めると釣れる。

Aの場所は駐車スペースから少し戻った場所で、これ以上上流には入れないので、上流側へ広範囲に投げられる。何しろ川幅が狭いので、対岸に向かって投げるとほとんどの場所で届いてしまう。周囲よりも若干深いので、魚がとどまっているような感じ。ハゼは遠近どこでも。

駐車スペースの前は、川辺にコンクリートブロックが入っており、この辺は前打ちでのクロダイのポイント。どこも足もとにカニが多数生息している。この辺りは浅いうえに水路が狭くなっているので、投げ釣りはしにくくルアーのほうが探りやすい。ただし対岸の砂浜にルアーマンが入るとオマツリになるので注意。

Bは徒歩で行く。細い道はあるが、軽自動車でないと入れない。簡易な護岸になっているが足もとは金属ネットだから暗い時間は引っかけないよう注意が必要。海側に向かって川幅が広がっているので、浅いが緩やかな流れで釣りやすい。投げてクロダイ、スズキ、ハゼ。ルアーでも同じ。まれにマゴチも。

周囲は古くからのこぢんまりとした集落なので、騒音やゴミは注意してもらいたい。夏場の朝夕夜は蚊が多いので防虫スプレー必携。

ACCESS

クルマ

アクアライン・木更津金田ICから5分。アクアマリンポートクラブを目指して走るとわかりやすい。

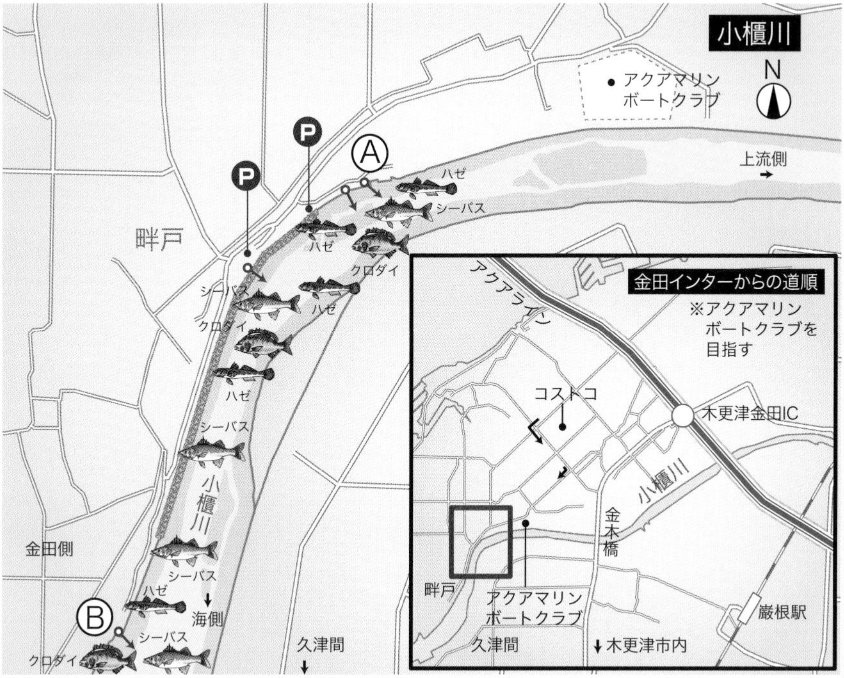

小櫃川

N
アクアマリン
ボートクラブ
上流側
A
P
P
畔戸
ハゼ
シーバス
クロダイ
小櫃川
金田側
海側
B
久津間

金田インターからの道順

※アクアマリン
ボートクラブを
目指す
アクアライン
コストコ
木更津金田IC
小櫃川
金本橋
畔戸
アクアマリン
ボートクラブ
久津間
木更津市内
巌根駅

上流側のA付近。ハゼは遠近どこでも

中央付近から上流側。コンクリートブロック周りはクロダイが有望

中央付近から下流側。こちらもコンクリートブロック周りにカニが多く、前打ちやルアーのクロダイが有望

海に近いBへは駐車場から徒歩で行く。クロダイ、スズキ、ハゼ。ルアーでまれにマゴチも

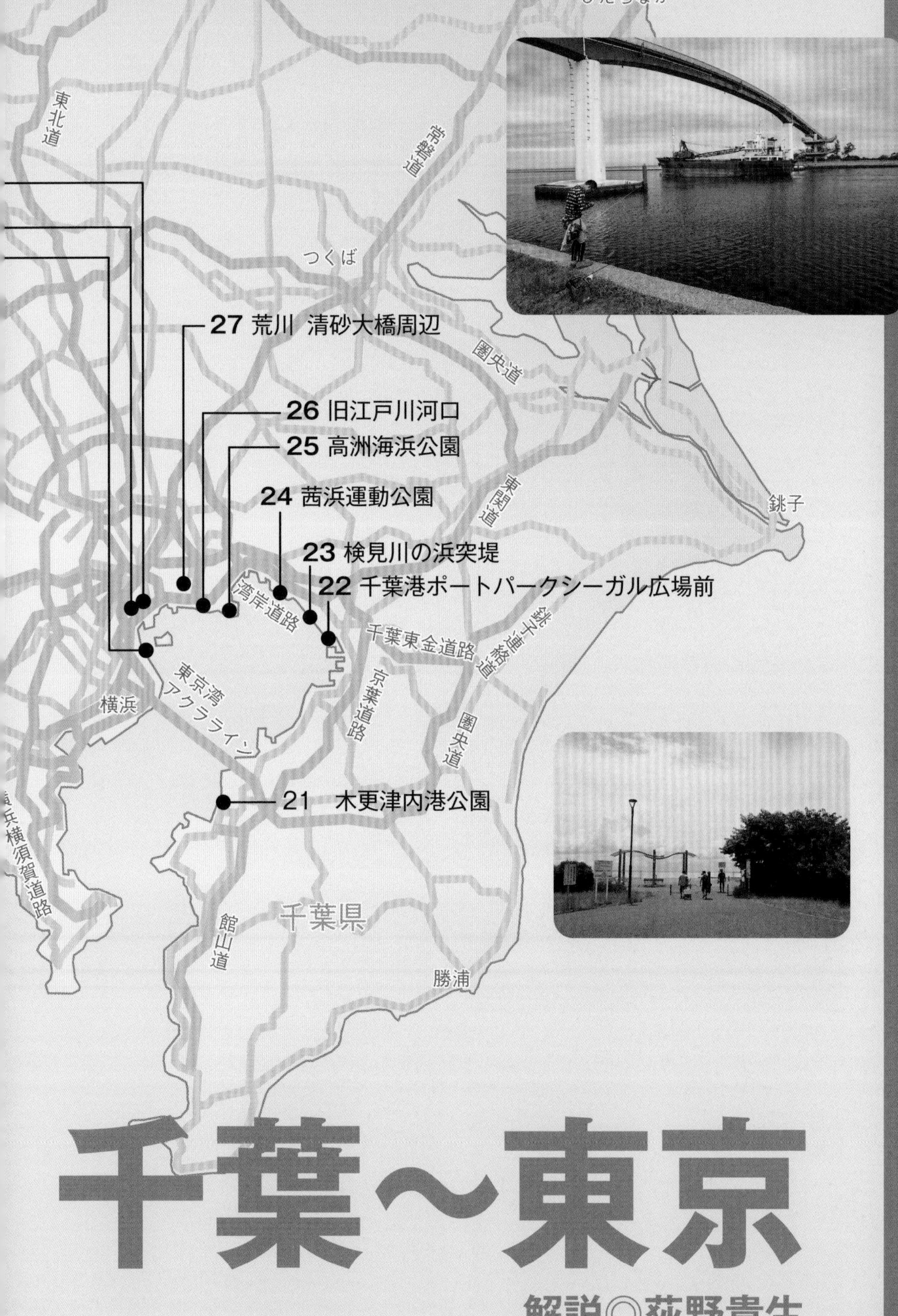
ひたちなか
東北道
常磐道
つくば
27 荒川 清砂大橋周辺
圏央道
26 旧江戸川河口
25 高洲海浜公園
東関道
24 茜浜運動公園
銚子
23 検見川の浜突堤
22 千葉港ポートパークシーガル広場前
湾岸道路
銚子連絡道
千葉東金道路
東京湾アクアライン
京葉道路
横浜
圏央道
21 木更津内港公園
横浜横須賀道路
千葉県
館山道
勝浦

千葉～東京

解説◎荻野貴生

28 豊洲ぐるり公園

29 芝浦南ふ頭公園

30 城南島海浜公園

PROFILE

荻野貴生

(おぎの・たかお)

1967年生まれ。東京都江東区在住。シーバスやブラックバスなど多彩なルアー釣りに精通。中央区新川にあったプロショップ『GOOBER』は現在ネットショップとして展開。フェロモンチェリーやラブミードゥなどのオリジナルアイテムを製造販売中。

千葉県木更津市

木更津内港公園

Kisarazunaikou-kouen

潮干狩りで有名な木更津。盤洲干潟が広がる遠浅の海なので岸からの釣りができる場所は限られ、大型船が出入りする木更津港に集中している。その中でも無料の駐車場や公衆トイレのある木更津内港公園はおすすめだ。駐車場からほど近い護岸には安全柵も設置されており、子ども連れでも安心して釣りが楽しめる。

このエリアの主なターゲットはハゼ、夏の走りの季節から冬の落ちハゼまでねらえるのも大きな特徴。夏から秋口にかけては水深の浅い場所をノベザオでミャク釣りかウキ釣りをお好みで。個人的にはシモリウキ仕掛けが好きでよく使っている。水中のウキの動きで小さなアタリを捉えやすい。涼しくなり始めるとハゼのサイズも徐々に大きくなり、チョイ投げで少し沖をねらうとよい。冬もこの港内で越冬するハゼがたくさんいるので、遠投してさらに一段下の水深でじっくり待つとよいだろう。

トイレ、無料P、天然芝生の極上ロケーション

ルアーのシーバスも一年を通じてねらうことができる好ポイント。潮通しはそれほどよくはないのだが、目前に広がる盤洲干潟は東京湾内でも有数のシーバスの餌場。遠浅の地形は多くのベイトフィッシュとシーバスをストックしており、それらが夜になるとこの港内へ入り込んでくる。特に秋から冬にかけては大型のシーバスがイナッコやコノシロを求めて回遊してくる。そんなランカーサイズに的を絞って140㎜以上のビッグベイトで勝負するのも面白い。

夏から秋にかけてはアジが港内に入り込んでくる時がある。回遊魚なだけに不確定なターゲットだが、群れが入ればサビキ釣りやウルトラライトタックルに小型ジグヘッドリグでのアジングも楽しめる。またサヨリも時折姿を現わす。アミコマセを撒いて集まってきたサヨリを目視できるようであればノベザオにウキ仕掛けで表層をねらいたい。なかなか足もとに集まらないようであればコマセカゴ付きの飛ばしウキ仕掛けで広範囲を探ることをおすすめする。付けエサはジャリメを小さくカットしたもの。

なお、港内には多くの船舶が出入りし、係留している船もあるのでそれらの周りではトラブルのないよう釣りを楽しんでほしい。

ACCESS

クルマ
東京湾アクアライン・金田ICより県道87号、90号を経て木更津港へ。

電車
JR内房線・木更津駅より徒歩18分。

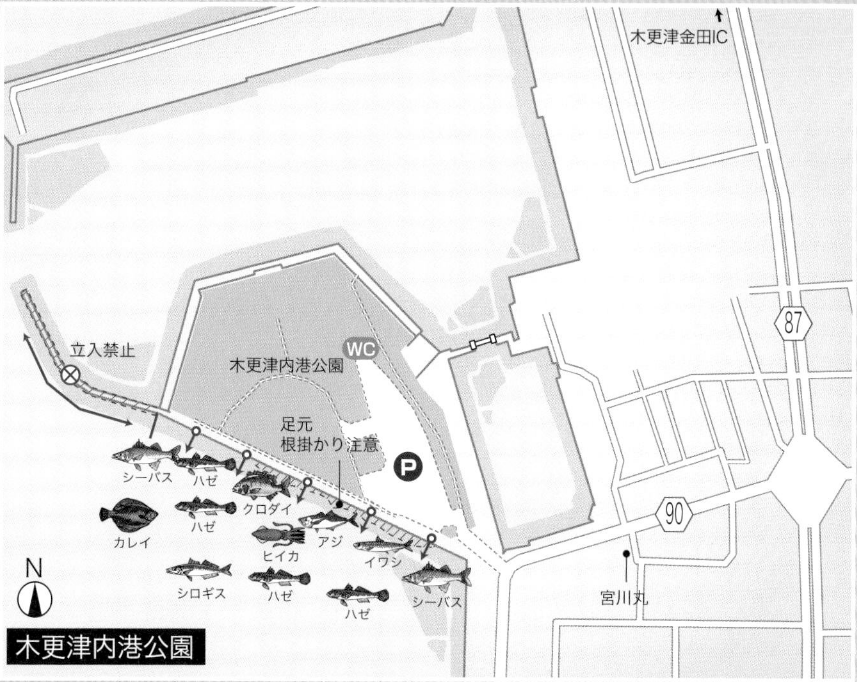

木更津金田IC
87
立入禁止
WC
木更津内港公園
足元
根掛かり注意
P
90
シーバス
ハゼ
クロダイ
カレイ
ハゼ
アジ
ヒイカ
イワシ
シロギス
ハゼ
ハゼ
シーバス
宮川丸
N

木更津内港公園

緑の芝生が気持ちよい。24 時間、無料で開放されておりデイキャンプがてらのファミリーフィッシングが人気。トイレもある

海沿いの県道 90 号を進み、回転寿司やまとの前から海側に入ると公園に入れる。駐車場も無料だが、休日はすぐにいっぱいになることも

目の前は木更津のシンボルである中の島大橋

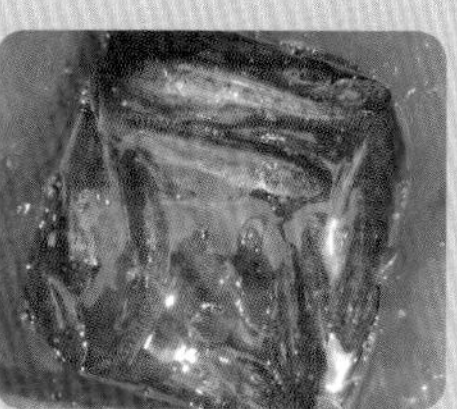

夏から秋はハゼ釣りが人気。道路を挟んですぐ近くに釣具店もあるので大変便利

秋はガザミ（ワタリガニ）釣りも盛ん。仕掛けも周辺の釣具店で販売されている

千葉県千葉市中央区

千葉港ポートパークシーガル広場前

Chibakou-portpark-seagull-hirobamae

釣りものカレンダー

春	シーバス コノシロ	カタクチイワシ	サッパ
夏	シーバス ハゼ	クロダイ シロギス	サッパ
秋	シーバス ハゼ	カタクチイワシ アジ	サッパ
冬	シーバス アジ	ヒイカ カレイ	サヨリ

千葉港の釣り場は、千葉ポートタワーがある千葉ポートパークの奥にある。千葉中央埠頭の先端とシーガル広場前の500mほどの区画が釣り人に解放されている。ここは足場もよく、程よい高さの柵が設置されていて子ども連れでも安心して楽しめる釣り場になっている。

水深は足もとでも3～4mと深く、沖側は船舶の航路となっていてさらに深くなる。底質は砂泥質で特に根もなく、根掛かりは少ない。西向きの立地のため東風には強い釣り場である。

真っ直ぐな岸壁で特に変化がないためか、両端のスポットが人気のようだ。人気の釣りは投げ釣り、特に11月から3月にかけてはマコガレイが接岸して来る。

2～3本バリの仕掛けにアオイソメとイワイソメを付けてその日の当たりエサを探すのも面白い。

その他にも夏から秋にかけてはシロギスやハゼがねらえ、岸壁近くをカタクチイワシやサッパが回遊していることが多いのでサビキを使って手軽に数釣りを楽しむことができる。芝生やトイレもあり、ファミリーフィッシングにはもってこいの釣り場である。

冬から早春にかけてサヨリが接岸して来るときもある。コマセカゴを付けた遠投ウキ仕掛けで広く探ろう。

ルアーでは一年を通じてシーバスをねらうことができる。岸壁の左寄りが潮通しもよく有望だが、決してその限りではない。バイブレーションやテールスピンでヒットレンジを探りながら釣り歩くのもいいだろう。その他にも秋にはサバやイナダなどの青ものも回遊してくることがある。飛距離の出るメタルジグや重めのシンキングペンシルも準備しておこう。

駐車場隣接も夜釣りは時間に注意

夜になると岸壁後方の常夜灯に灯りがともり、絶好のシーバスポイントとなる。フローティングミノーやシンキングペンシル、ソフトルアーのジグヘッドリグもおすすめだ。

また、この灯りには他にも色々なターゲットが集まってくる。アジやメバル、冬にはヒイカもねらうことができる。シーバスタックルだけでなく、ウルトラライトタックルに小さなジグヘッドリグやメタルジグ、そしてヒイカ用の極小サイズのエギも用意しておきたい。

ACCESS

クルマ

東関東自動車道・湾岸習志野ICよりR357を千葉方面へ。市役所前の大通りを直進するとポートタワーの駐車場。釣り場に近いシーガルパーク前の駐車場へは中央郵便局前の交差点を左折。看板に従い進み、松林並木を抜けた先にある。

電車

JR京葉線・千葉みなと駅西口より千葉みなとループバスで千葉ポートタワー下車。

千葉港シーガル広場前

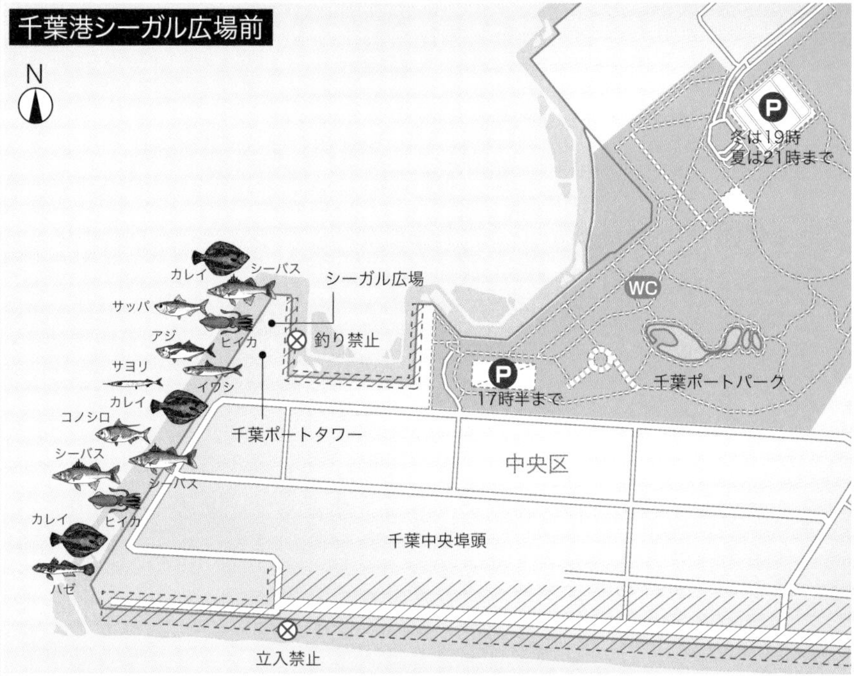

N
カレイ
シーバス
サッパ
アジ
ヒイカ
イワシ
サヨリ
カレイ
コノシロ
シーバス
シーバス
ヒイカ
カレイ
ハゼ
シーガル広場
釣り禁止
千葉ポートタワー
冬は19時
夏は21時まで
WC
17時半まで
千葉ポートパーク
中央区
千葉中央埠頭
立入禁止

千葉中央埠頭の先端とシーガル広場前の500 mほどの区画が釣り人に解放されている。足場もよく、柵が設置されていて子ども連れでも安心して楽しめる

シーガル広場前の釣り場に近い駐車場へは千葉県立美術館側を大きく迂回して向かう。ポートタワー前の駐車場から歩いても釣り場までは10分程度。シーガル広場の内側は釣り禁止

冬はヒイカ、
カレイが人気

タマヅメを楽しみたい人は閉門時間が少し遅いポートタワー側の駐車場を利用。歩いて10分で釣り場に着く

暗くなると岸壁後方の常夜灯が灯り、絶好のシーバスポイントとなる。フローティングミノーやシンキングペンシル、ソフトルアーのジグヘッドリグもおすすめ

千葉県千葉市美浜区

検見川の浜突堤

Kemigawanohama-tottei

釣りものカレンダー

春	シーバス クロダイ	サッパ アジ	カタクチイワシ
夏	シーバス シロギス	サッパ クロダイ	カタクチイワシ ハゼ
秋	シーバス クロダイ アジ	サッパ イナダ サバ	カタクチイワシ タチウオ ハゼ
冬	シーバス クロダイ	サッパ タチウオ	カタクチイワシ

　広大な稲毛海浜公園の北側に位置する検見川浜。その両端と中央に突き出た突堤のうち、海を見て左側（南側）が釣りが楽しめるようになっている。堤防の長さは500mほどで、砂浜を囲むように湾曲している。堤防の内側、外側ともに柵が設けられていて両側で釣りが可能。ビギナーや子ども連れでも安心して釣りが楽しめるフィールドだ。堤防を支えている支柱にはクロダイが居着いているが、地形は平坦な砂地で根も少なく回遊魚がメインのターゲットといえる。

広大な砂浜を臨みながらフルキャスト！

　足もとから水深があるので真下をねらうサビキ釣りやハゼやキスをねらった投げ釣りがおすすめ。所々にベンチも設置され、のんびりと釣りを楽しむことができる。

　東京湾に突き出たポイントだから潮通しは抜群で、潮目を確認できる時間帯も長い。

　年間を通じてルアーでシーバスをねらうことができるが、特に注目すべきは夏の終わりから初冬にかけてのシーズン。東京湾の最奥部にあたるこのエリアにはカタクチイワシやサッパなどのベイトフィッシュが大量に集まり、シーバスのみならず多彩なフィッシュイーターが集結してくる。サバやイナダなどの青ものが接岸しているときは水面に追いやられたベイトフィッシュで水面がざわつき、ナブラが立つこともしばしばある。このような状況は特に朝マヅメとタマヅメに集中する。

　堤防の付け根は畳石状になっていて、その先のシャローエリアがシーバスのポイント。また、堤防のカーブのピーク部から先端にかけての外側が特に潮通しがよくシーバスとともに青ものたちのメインのポイントとなる。ねらいどころはそれらポイントの中でも流れが利いているところ。ナブラが出ていれば分かりやすいのだが実際にはそうでない時間がほとんどのため、水面の波立ちの微妙な変化で潮目を探し、その先までルアーをキャストするとよい。遠投の利くヘビーウエイトのシンキングペンシルやメタルジグがヒットルアー。

　ここ数年はタチウオも多くなり、バイブレーションやソフトルアーで釣れている。

ACCESS

クルマ
東関東自動車道・湾岸習志野ICよりR357へ。浜田交差点を右折し海浜大通りを左折。

電車
JR京葉線・検見川浜駅よりバスまたはタクシーで。

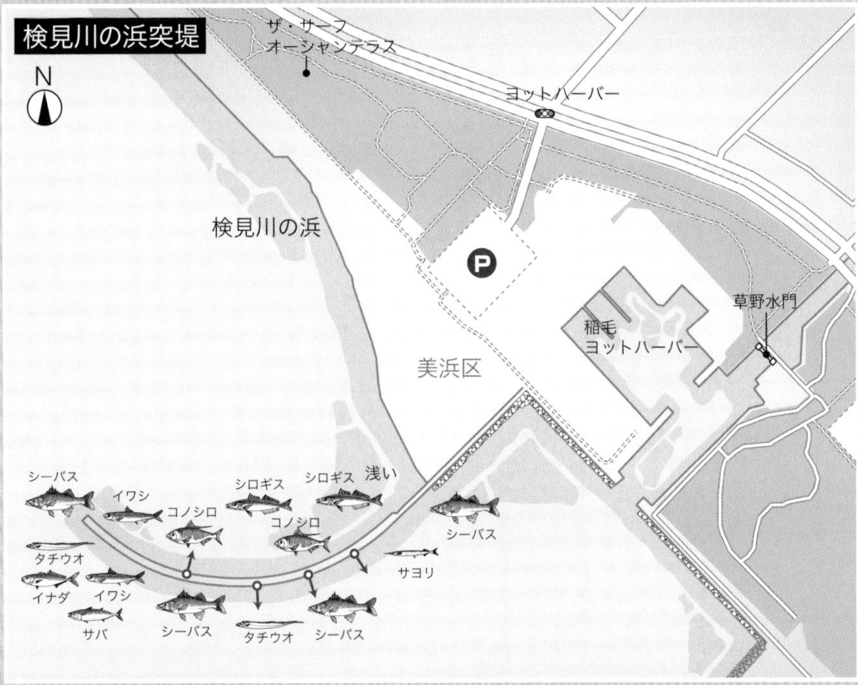

検見川の浜突堤

ザ・サーフ
オーシャンテラス
ヨットハーバー
検見川の浜
稲毛
ヨットハーバー
草野水門
美浜区
浅い
シーバス
イワシ
シロギス
シロギス
コノシロ
コノシロ
シーバス
タチウオ
イナダ
イワシ
サバ
シーバス
タチウオ
シーバス
サヨリ

東京湾に突き出ているので潮通しは抜群。足もとから水深があるので真下をねらうサビキ釣りやハゼやキスをねらった投げ釣りがおすすめ。所々にベンチも設置されているのも便利

堤防の付け根は畳石状になっていて、その先のシャローエリアはシーバスのポイント

夏の終わりから初冬にかけて、このエリアにはカタクチイワシやサッパなどのベイトフィッシュが大量に集まり、シーバスのみならずサバやイナダのナブラが立つこともしばしば。夜はタチウオの接岸もある

堤防のカーブのピーク部から先端にかけての外側が特に潮通しがよくシーバスや青物のメインポイントになる

隣接する稲毛ヨットハーバーの駐車場を使うと便利。1日500円で利用時間は7時30分～22時まで。施設は火曜定休

千葉県習志野市

茜浜運動公園

Akanehama-undoukouen

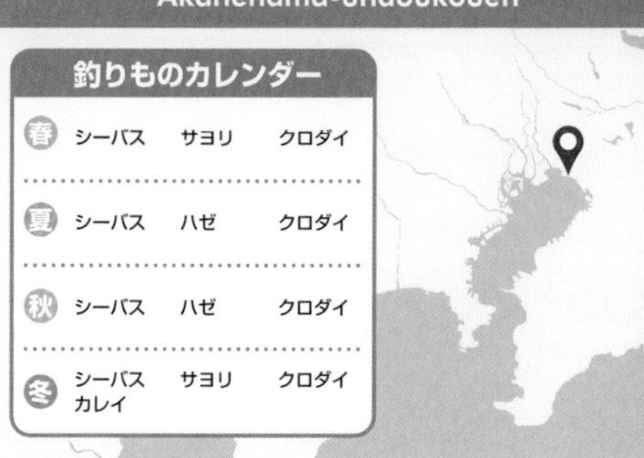

釣りものカレンダー

春	シーバス	サヨリ	クロダイ
夏	シーバス	ハゼ	クロダイ
秋	シーバス	ハゼ	クロダイ
冬	シーバス カレイ	サヨリ	クロダイ

菊田川の河口に位置する茜浜運動公園は、茜浜緑地、海浜公園と隣接し、それらを合わせると実に広大な釣り場といえる。しかし海に面した場所は護岸から広くテトラが積まれていて、主な釣り場は足場のよい菊田川となる。駐車場もあるが利用可能時間は8時30分から17時30分となっており夜間は使用できない。夜釣りを楽しむ際は近隣のコインパーキングを利用することとなる。

駐車場は菊田川の右岸に接しており、すぐに水辺に出ることができる。そこから河口にかけてはルアーでシーバスをねらえる。春と秋がよいシーズンで、ベイトフィッシュを求めてシーバスが入ってくる。ナイトゲームがメインになるが、サッパやイナッコが多いときにはデイゲームでも釣ることができる。

駐車場隣接でお手軽フィッシング!!

川幅は30m弱といった所で、フルキャストしてしまうと対岸に届くほど。キャストの際は充分に注意してほしい。シンキングミノーやソフトルアーのジグヘッドリグでの実績が高い。

護岸際もシーバスがいられる深さはあるので足もとから丁寧に探るとよい。細い川ながらも水深はあるので、バイブレーションや重めのジグヘッドも準備しておくとよいだろう。

夏から秋にかけてはハゼの絶好のポイントにもなる。ノベザオを使ったミャク釣りで足もとのカケアガリをねらうとよい。また同時期に護岸に付いた貝やカニを求めて入ってくるクロダイをよく見かける。しかし「見える魚は釣れない」とはよく言ったもので、これがなかなか手ごわい。気付かれないよう静かに近づき、カニを付けた落とし込み仕掛けでそっとアプローチするとよいだろう。

またこの時期は電子ウキを使った夜釣りも面白い。セイゴに混じってクロダイをねらうことができる。エサはアオイソメでよいが、クロダイにはイワイソメやフクロイソメが特に効く。

冬になると川の中の水は透明度を増し魚の姿が少なくなるポイントだが、夜になると大型のシーバスがねらえる時期でもある。14㎝以上の大きいルアーでコノシロやボラを捕食しているシーバスをねらいたい。

ACCESS

クルマ

首都高速湾岸線・谷津船橋ICよりR357へ。秋津交差点を右折し千葉船橋海浜線で菊田川手前を右折。

電車

JR京葉線・新習志野駅下車。徒歩15分。

茜浜運動公園

N
ハゼ
菊田川
シーバス
ハゼ
15
P
橋
クロダイ
シーバス
習志野海浜霊園
茜浜運動公園
クロダイ
WC
ハゼ
海浜公園
消波ブロックの
幅があり釣りにくい

茜浜運動公園と海浜公園の間を流れて東京湾に注ぐ菊田川。駐車場やトイレは右岸側にある

近年、湾奥ではクロダイが増えている。カニエサなどのヘチ釣りで大型がねらえる

春と秋はシーバスの好機。シンキングミノーやバイブレーション、ソフトルアーのジグヘッドリグでの実績が高い。護岸際もシーバスがいられる深さはあるので足もとから丁寧に探るとよい。冬も大型がねらえる

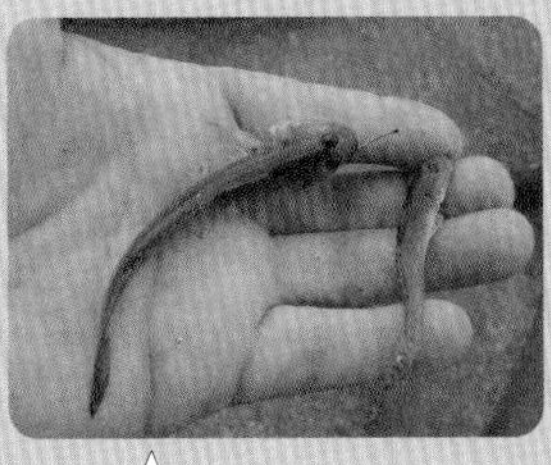

夏から秋はノベザオやチョイ投げのハゼ釣りが楽しい

公園駐車場の利用可能時間は8時30分から17時30分で夜間は使用できない。夜釣りを楽しむ際は近隣のコインパーキングを利用する

千葉県浦安市

高洲海浜公園

Takasu-kaihinkouen

家族みんなでバーベキュー&フィッシング!

境川河口に位置する広々とした公園で遊具や公衆トイレ、駐車場もありファミリーフィッシングには最適な釣り場。堤防から水辺にかけては直火でなくコンロを使えばバーベキューをすることも可能。釣りとバーベキューを同時に楽しむことができる近郊では貴重な釣り場でもある。駐車場は無料だが利用時間が8時30分から19時30分となっており、朝マヅメをねらって本格的に釣りを楽しむ場合は近隣のコインパーキングを利用したい。

水辺は柵で囲まれていて子どもでも安全に釣りを楽しむことができるが、その下はテトラが並んでいてヘチ釣りはできない。その先は砂地の遠浅で所々に海藻の生えた低い根が点在する。投げ釣り、ウキ釣りともに取り込みや仕掛け回収時にテトラをかわす必要があるので長めのサオを用意することをおすすめする。

春はサヨリが接岸して来るので飛ばしウキにコマセカゴを付けた仕掛けを遠投して広範囲に探りながら釣る。「浦安釣法」とも呼ばれるこのスタイル、エサはジャリメを小さく切って使い、遠投したのち超スローにリーリングしてアタリを待つ。

夏になると投げ釣りでハゼやシロギスがねらえる。また、ここ数年話題となっていたマダコも夏が旬のターゲット。タコエギでボトムを探ってみるとよい。

秋は再びサヨリが回遊してくる季節で浦安釣法も最盛期を迎える。またカタクチイワシやサッパの群れが接岸してシーバスもハイシーズンに突入する。朝夕のマヅメ時にはサバやイナダなどの青ものがベイトフィッシュを求め接岸することもあり、逃げる小魚で水面がざわつき水柱が立つシーンを目撃できるかもしれない。そのような時はペンシルベイトやポッパー等のトップウォータールアーが効果的だが、射程距離を広げる上でヘビーウエイトのシンキングペンシルやメタルジグを忍ばせておくとよいだろう。

冬になるとシーバスも大型ねらいのシーズン。フローティングミノーでのナイトゲームが主体となる。

冬の日中は遠投でカレイねらい。数は少ないターゲットだが40㎝クラスの大型マコが期待できる。

ACCESS

クルマ

首都高速湾岸線・浦安ICより10分。

電車

JR京葉線・新浦安駅より東京ベイシティ交通バスで高洲海浜公園下車。

浦安市
総合公園球技場

P WC
WC
高洲
海浜公園

千葉県立
浦安南高等学校

シーバス
マゴチ
ハゼ
サヨリ
シロギス
ハゼ
サヨリ
ハゼ
シロギス
ハゼ
サヨリ
カレイ

全面
消波ブロック

N

高洲海浜公園

公園内の展望台からの眺め。トイレ、自販機、遊具があり、パークゴルフ場も隣接しているので家族で楽しめる

広々とした無料の駐車場がありがたい。利用可能時間は午前 8 時半から午後 7 時半まで

見渡す限り続く長大な釣り場。柵の下には消波ブロックがあるので長ザオが有利になる

駐車場から釣り場まで足場がいいのでローラー付きのクーラーボックスがあると楽々。公園内は火気厳禁だが堤防から水辺にかけてはコンロでの BBQ が認められている

左端の境川河口周辺も好ポイント。対岸の浦安市総合公園も同じように釣りができる

東京都江戸川区　千葉県浦安市

旧江戸川河口

Kyuuedogawa-kakou

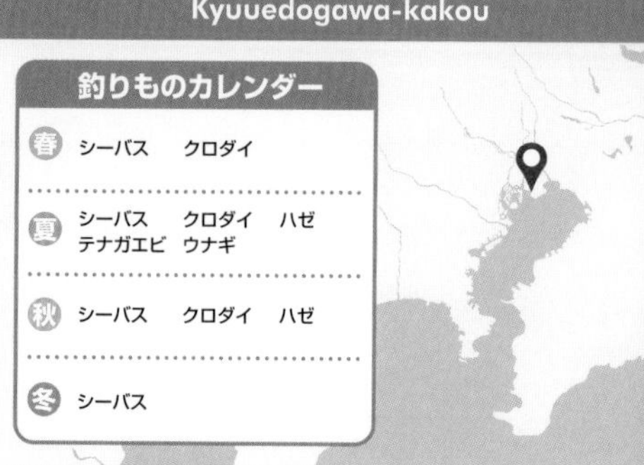

千葉県と東京都の境界を流れる江戸川は行徳で江戸川放水路と旧江戸川に分かれ、それぞれ東京湾へ注ぎ込む。どちらもハゼやシーバスをねらえるが、江戸川放水路に比べ旧江戸川のほうが常に流れがあることから、特にシーバスはこちらのほうがねらいやすい。釣りがしやすいのは河口に架かる舞浜大橋より上流側。右岸の江戸川区側は川のカーブの内側で水中は遠浅な地形が続いている。畳石が敷き詰められており、水辺にエントリーしやすい。

ディズニーそばのシーバス&クロダイのメッカ

梅雨時から夏にかけては足もとでのテナガエビ釣りやウナギねらいの投げ釣りが面白い。また、夏から秋にかけてはハゼもよく釣れる。投げ釣りをする際は竿掛けを用意するとよいだろう。

河口寄りの舞浜大橋近くにはゴロタ石が積んであるが、その周りにはカニをねらうクロダイが集まる。長ザオでの前打ち（落とし込み釣り）に分があるが、満潮時には足もとの護岸沿いでもねらうことができる。遠浅な地形なだけに、シーバスをねらう場合はナイトゲームに実績がある。特に春のバチ抜けシーズンは流下するバチをシーバスが捕食するシーンをよく見かける。リップレスミノーやシンキングペンシルで表層をスローに探るとよい。

対岸の浦安側は川のカーブの外側で、水深があり船舶の航路もある。その分、上げ潮、下げ潮ともに流れが強く利くことが特徴で地形変化もある。工事区間があり、水辺に出られるのは見明川との分岐点から舞浜大橋にかけて。延々と続くゴロタ石からの釣りとなる。ゴロタ石は非常に滑りやすく危険なので、滑り止めの付いた靴で充分に注意してほしい。

ゴロタの上を回遊するイナッコや海から入ってくるサッパを求めてシーバスが回遊してくる。ナイトゲームもよいが、夏から秋にかけてのデイゲームが面白い。バイブレーションやメタルバイブを遠投してミオ筋をねらい、シーバスが反応してくるレンジやスピードを探っていく。シーバスは群れで入ってくることが多く、アタリパターンを見つけると連発するケースが多い。

また、5㎝から7㎝の小型バイブレーションをゴロタ石にぶつけながら早巻きしていると、シーバスに混ざってクロダイがヒットしてくる。根掛かりの多い釣りだが、上手くかわすことができればエキサイティングなゲームが楽しめる。

ACCESS

クルマ

首都高速湾岸線・葛西ICまたは浦安ICから至近。

旧江戸川河口

N
ハゼ
工事中
立入禁止
コイン
パーキング
P
ハゼ
シーバス
シーバス
浅い
シーバス
クロダイ
旧江戸川
ゴロタ場
クロダイ
シーバス
クロダイ
ハゼ
クロダイ
敷石
シーバス
見明川
357
湾岸道路
京葉線
357
東京
ディズニーランド
ホテル
舞浜駅

左岸の見明川下流はシーバス・クロダイねらいのメッカ

右岸下流から対岸のディズニー方面を望む

遠投して流心で食わせたシーバス

かつてはシーバスの外道だったクロダイは今やメジャーターゲット。ソフトルアー、ハードルアー、カニエサの前打ちなどが盛ん

最下流に架かる舞浜大橋より上流は右岸も左岸も有望

東京都江東区

荒川 清砂大橋周辺

Arakawa-Kiyosuoohashi-syuuhen

釣りものカレンダー

春	シーバス　クロダイ
夏	シーバス　クロダイ　キビレ　ハゼ
秋	シーバス　クロダイ　キビレ　ハゼ
冬	シーバス　クロダイ　カレイ

荒川河口に位置するこのポイント。中川と並行している広大なこの流域の中でも清砂大橋周辺の西岸は広範囲に釣りが楽しめるエリアとなっている。水辺には柵もなく延々とゴロタ場が続いている。そのゴロタ石は水際から約3mのところまで入っており、その先は砂泥質のボトム。水深の変化は少なく遠浅な地形になっている。

清砂大橋と並行して東京メトロ東西線の鉄橋が架かっており、丁度その下から上流側はゴロタがなくなり護岸のみになる。さらに上流の葛西橋にかけての護岸際は流れが強く当たり足もとでも水深がある。下げ潮の時は川の流れと同調し速い流れとなるが、上げ潮時は上流へしっかりとした流れが利くエリア。干潮時には濡れたゴロタからの釣りとなるため足もとには充分に注意が必要となる。

広大なゴロタ場で魚探し!!

年間を通じて格好のシーバスポイントとなるこのエリアはランカーサイズの実績も多々ある。汽水域に集まるサッパやカタクチイワシがこのエリアの主なベイトとなるが、春はバチやアミ、稚アユの遡上と多様化する季節。サイズが小さく動きの遅いベイトを飽食するようになるとルアーへの反応も非常にセレクティブになる。シンキングペンシル、リップレスミノー、小型ミノーなど様々なタイプのルアーをローテーションしてシーバスの反応を探る必要がある。

夏が近づき水温が上昇してくるとゴロタ沿いにイナッコの群れが多く見られるようになる。時としてゴロタ石から出てくるエビ類を捕食している場合もあり、この水際ねらいが効果的となる。石の切れ目でミノーをジャークさせたり、バイブレーションをぶつけてヒラを打たせたりとシーバスがバイトするタイミングを作ることで釣果は伸びる。

秋になるとカタクチイワシやサッパが多くなり産卵を控えたシーバスの群れが入ってくる。最も大型が期待できるシーズンとなるが、コノシロを捕食している時には14㎝以上の大型プラグにシーバスが好反応を示す場合もある。

近年増加しているクロダイやキビレもよく釣れるポイントで、カニを使った長ザオでの落とし込みをはじめ、夜は電子ウキを使ったイワイソメエサの流し釣りも楽しい。

ACCESS

クルマ

首都高速中央環状線。清新町ICまたは9号線木場ICより永代通りを直進。

電車

東京メトロ東西線・南砂町駅より徒歩15分。

荒川　清砂大橋周辺

N
橋下に P
東西線
ここから上流護岸
消波ブロック
ここまで
検水機
WC
敷石
足元深い
キビレ
クロダイ
シーバス
クロダイ
シーバス
クロダイ
シーバス
クロダイ
シーバス
足場が悪い
荒川
清砂大橋
葛西橋
首都高速中央環状線
中川
清新町IC

イソメのブッコミで釣れた良型のキビレ

下げ潮は川の流れと同調し速い流れ。上げ潮も上流へしっかりとした流れが利く。干潮時には濡れたゴロタからの釣りとなるため足もとには充分に注意が必要

こちらはイソメのブッコミ釣りで釣れたスズキ。ルアーでランカーシーバスの実績もたくさんある

最寄りの砂三丁目のコインパーキング。右岸側の清砂大橋の高架下にある

清砂大橋と東西線鉄橋。ここより上流はゴロタがなくなり護岸のみになる

東京都江東区

豊洲ぐるり公園

Toyosu-gururikouen

釣りものカレンダー

春	シーバス	クロダイ	サッパ
	カタクチイワシ		
夏	シーバス	クロダイ	サッパ
	カタクチイワシ	サバ	ハゼ
秋	シーバス	クロダイ	サッパ
	カタクチイワシ	サバ	ハゼ
	カマス		
冬	シーバス	メバル	カレイ

電車などの公共交通機関でのアクセスもよく、手軽に釣りが楽しめるフィールドだ。護岸の増設により水深があり、足もとでも5m前後あり、魚のストック量も多い。

その名のとおり埠頭を取り囲む水辺をぐるりと歩くことができるが、釣りができるのは晴海大橋下流から富士見橋にかけて。有明側の直線は一帯が釣り禁止で、豊洲六丁目第2公園前のワンドは釣りが可能。完成当時に比べると釣り禁止エリアが増えたものの、広大な敷地ゆえ広々とした釣り場となっている。とはいえ釣り以外で訪れる人の多い公園なのでトラブルのないよう充分に注意して釣りを楽しんでほしい。ゴミの持ち帰りはもちろん、コマセの使用、振りかぶってのキャストは禁止されているのでルールを守りたい。

銀座から4kmの都心のオアシス!!

一年を通じてシーバスをねらうことができるフィールドだが、その理由はサッパやカタクチイワシが多い立地条件であること。潮通しがよいことでこれらベイトフィッシュが頻繁に回遊してくるとともに、水深のある護岸沿いにそれらベイトフィッシュを待ち伏せるシーバスが居着く傾向がある。

隅田川の河口に位置するこのエリア、春の夜には上流から流れてくるバチや常夜灯の明かりに集まるアミを捕食するシーバスを目視することができる。逃げ足の遅い餌を飽食しているがゆえにとてもセレクティブになっているシーバスにはスローに泳ぎ続けるようなアプローチが効果的。リップレスミノーやシンキングペンシル、またはソフトルアーのジグヘッドリグも有効。

水温が高くなる夏は意外にもデイゲームに分がある。護岸際の日陰がねらいめだ。この時期はより強い流れを好む傾向があるため護岸際の流れの利いた場所をシンキングミノーやバイブレーションで重点的にねらうとよい。

秋は産卵期を控えたシーバスたちの活性が上がる季節。サッパやカタクチイワシ、コノシロなどのベイトフィッシュも豊富になり昼夜を問わずねらうことができる。またこの時期はサバやイナダ、時にはタチウオが接岸してくる時もある。遠投の利く重いシンキングペンシルやメタルバイブで広範囲を探りたい。

シーバスなどの回遊魚のみならず、水深がある地形がゆえに周年クロダイをねらうことでも注目を集めている。また夏の終わりから初冬にかけてはチョイ投げでのハゼ、サビキ釣りでサッパやカタクチイワシなどもねらえる。

ACCESS

クルマ

首都高速晴海線・豊洲ICを降りてすぐ。公園内に24時間有料駐車場、近隣にもコインパーキングあり。

電車

ゆりかもめ・新豊洲駅または市場前駅で下車。

豊洲ぐるり公園

晴海大橋下流（豊洲大橋上流）をヘチ釣りで探る。対岸の晴海臨海公園にも釣り場が広がる

有楽町線・豊洲駅からも歩いて行ける豊洲６丁目第２公園周辺はシーバスとクロダイの実績が高い

フジテレビやレインボーブリッジが目の前に広がる。ジョギングや散歩をする方々が多いのでハリなど引っかけないように注意すること

秋から冬はタチウオが接岸してくることもある

晩秋はコノシロパターンで早朝にシーバスが連発する

東京都港区

芝浦南ふ頭公園

Shibauraminamihutou-kouen

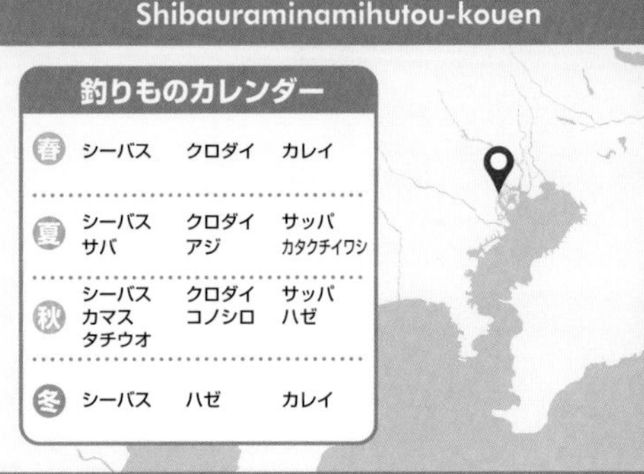

芝浦南ふ頭公園はレインボーブリッジのたもとにある比較的小さな公園。8時から21時までと時間制限があるものの、我々釣り人にも開放された都内では貴重な釣り場だ。柵が設けられており、子ども連れでも安心して釣りを楽しめる公園だが、景観がよいため観光や散歩に訪れる人も多いので充分注意しよう。

水深があり、地形変化も緩やかなため比較的根掛かりの心配も少ない。潮通しもよく、イワシやサッパが頻繁に回遊してくるので、それらを餌とするシーバスも比較的コンスタントにねらえる。

レインボーブリッジの夜景が楽しめる穴場スポット

早春は投げ釣りでマコガレイもねらえる。数が多い魚ではないがそれだけに釣れた時の嬉しさはひとしお。2本針の仕掛けにアオイソメをたっぷりと房掛けにしてアタリを待つ。オモリは通常20号程度だが、潮の流れが速い時に備えて30号まで用意したい。ただ水深がある分、船舶が近い距離を往来するのであまり遠投するのは控えたほうがいいだろう。

季節が進行してくるとターゲットのメインはやはりシーバスになる。春はシーバスのエサが変わりやすく、イワシが接岸していればミノーやバイブレーションで、バチ抜けやアミを捕食している場合にはシンキングペンシルやソフトルアーのジグヘッドリグがおすすめ。

夏になるとクロダイを見かけることが多くなり護岸際をカニやイガイをエサにした落とし込みでねらえる。

また、サビキのサッパやチョイ投げで釣れるハゼもこの時期から。ファミリーでも楽しめる季節だ。

秋になると再びシーバスの最盛期。カタクチイワシやサッパなどのベイトフィッシュも多くなり昼夜問わずねらうことができる。

遠投の利くメタルバイブやテールスピンジグも効果的。また、これらベイトフィッシュにつられカマスやサバ、時にはタチウオやイナダも回遊してくるときがある。タチウオにはソフトルアーが効くが、通常のジグヘッドではフッキングが悪いので腹側にトリプルフックが付いたタイプを選ぶとよい。

冬になると浅場から集まってくる落ちハゼねらいが面白い。あわよくばカレイがヒットするかも！という可能性を秘めた季節を楽しもう。

ACCESS

クルマ

首都高速台場線・台場ICまたは羽田線・芝浦ICからすぐ。駐車は近隣のコインパーキングへ。

電車

ゆりかもめ・芝浦ふ頭駅から徒歩7分。

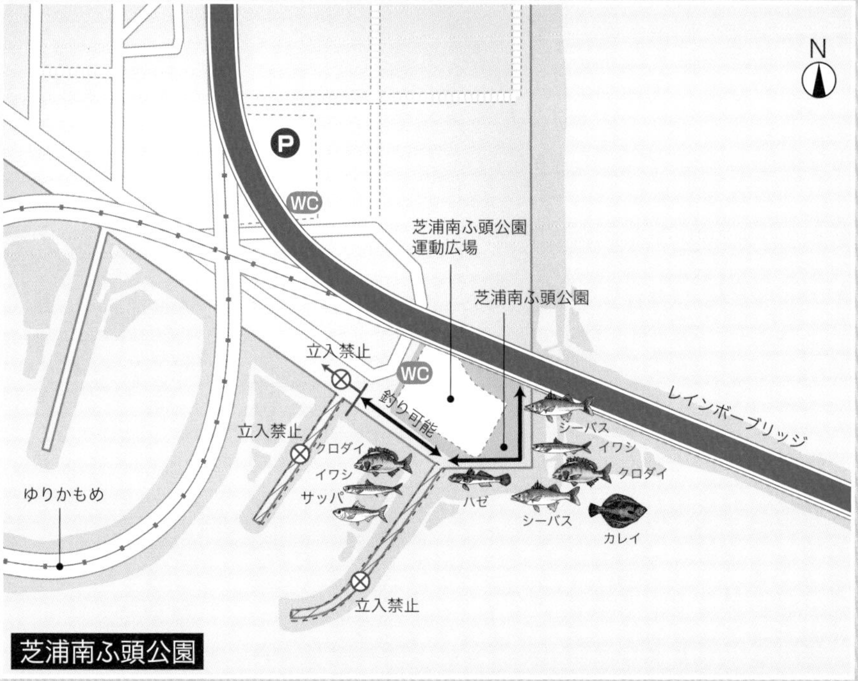

N
P
WC
芝浦南ふ頭公園
運動広場
芝浦南ふ頭公園
立入禁止
WC
釣り可能
レインボーブリッジ
シーバス
イワシ
クロダイ
立入禁止
クロダイ
イワシ
サッパ
ハゼ
シーバス
カレイ
ゆりかもめ
立入禁止

芝浦南ふ頭公園

柵がちょうどサオ掛けになる高さなので便利。水深もあり潮通しもよい

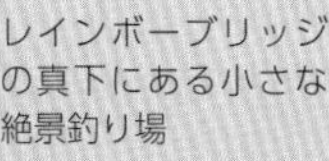

レインボーブリッジの真下にある小さな絶景釣り場

徒歩数分のレインボーブリッジの高架の下にコインパーキングがある

8時から21時まで釣りができる。タマヅメからはシーバスやタチウオが接岸することも

東京都大田区

城南島海浜公園

Jounanjima-kaihinkouen

釣りものカレンダー

春	メバル シーバス	カサゴ カレイ	ムラソイ ウミタナゴ
夏	ハゼ シーバス	シロギス メジナ	クロダイ
秋	ハゼ シーバス	シロギス メジナ	クロダイ
冬	メバル シーバス	カサゴ メジナ	ムラソイ

城南島海浜公園はキャンプ場やドッグランがあり、人工浜では潮干狩りも楽しめる広大な公園。

釣りが楽しめるのは東側の岸壁300mほど。遠浅のなだらかなカケアガリは砂地で、根が点在して海藻が生えている。

沖にはテトラが沈んでおり、潮が引くと露出する。投げ釣りの際は根掛かりに注意したい。

春は、メバル、カサゴ、ムラソイなどの根魚がねらえる。おすすめはドウヅキ仕掛けやソフトルアーのジグヘッドリグ。ドウヅキ仕掛けの場合、エサはアオイソメやジャリメ、モエビなど。ルアーの場合は3g以下の軽めのジグヘッドに2in前後のソフトルアーをセットする。点在する根のほか、足もとの護岸沿いもポイントになる。

夏は都内では珍しくシロギスが接岸してくる。遠投して沖の砂地をねらうが、回収時に手前の根をかわすよう注意すること。ジェットテンビンに2~3本バリの投げ釣り仕掛け。エサはアオイソメがいいだろう。

夏はクロダイも頻繁に姿を現わす季節。ウキフカセで根周りを探るほか護岸を落とし込みで探るのも効果的。エサはカニやアオイソメ。物音を立てず静かにアプローチすることがヒットへの近道だ。

秋になるとハゼが最盛期を迎える。浅場から徐々に深場へと移動する季節なので広範囲に探りその日のヒットゾーンをサーチしよう。ほかにも最盛期を迎えるターゲットがシーバス。朝夕のみならず日中にもチャンスがあるこの時期、バイブレーションプラグを遠投して早巻きするほかミノーをジャークしながら浅いレンジに誘い出すのも効果的だ。時折サバやイナダなどの青ものが回遊してくることもあるので、更に遠投の利く重いシンキングペンシルを忍ばせておくとよい。

冬は再び根魚が浅場に姿を現わす季節。春と同様の釣り方だが、ルアーは特に日没後がねらいめ。また、シーバスも同様で夜釣りが有望だ。冬は一年の中でも一番大型がねらえるシーズンなので、11~14㎝のフローティングミノーをゆっくり巻いてねらってみよう。

なお、併設の駐車場は夜間使用できなくなるので夜釣りを楽しむ場合は利用時間に注意すること。

釣り&キャンプ&潮干狩りも楽しめるファミリー向けフィールド

ACCESS

クルマ

首都高速湾岸線・大井南ICを出て、高速道路側のR357を南下し、環状七号線より城南野鳥橋を渡り、道なりに直進。突き当たりを右折。または羽田線・平和島ICから環状七号線経由。

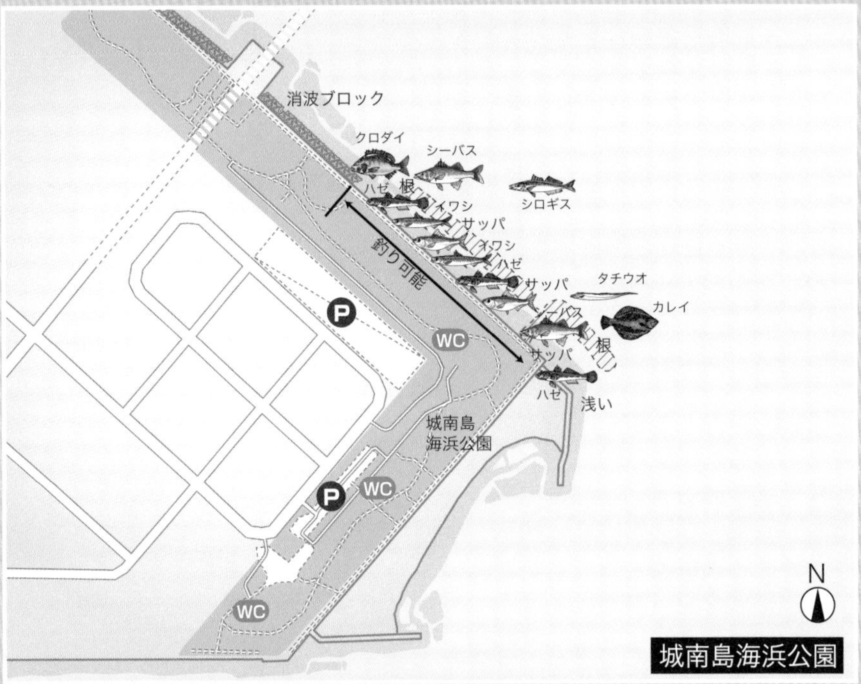

消波ブロック
クロダイ
シーバス
ハゼ
根
イワシ
シロギス
サッパ
イワシ
ハゼ
釣り可能
サッパ
タチウオ
カレイ
バス
根
サッパ
ハゼ
浅い
P
WC
城南島
海浜公園
P
WC
WC
N
城南島海浜公園

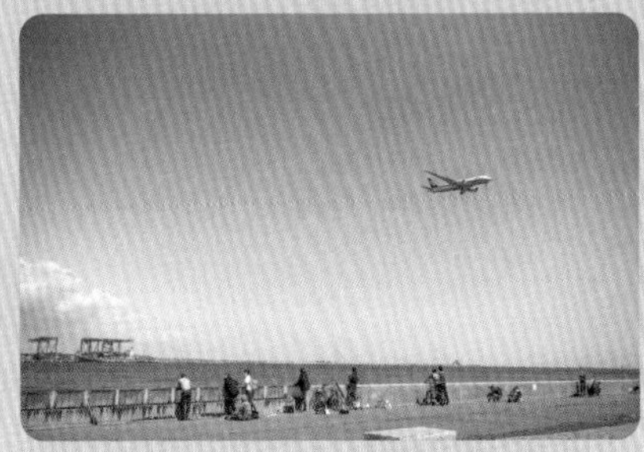

飛行機の発着が間近に見えることで有名な公園。メインの釣り場は東側の 300 mほどの岸壁

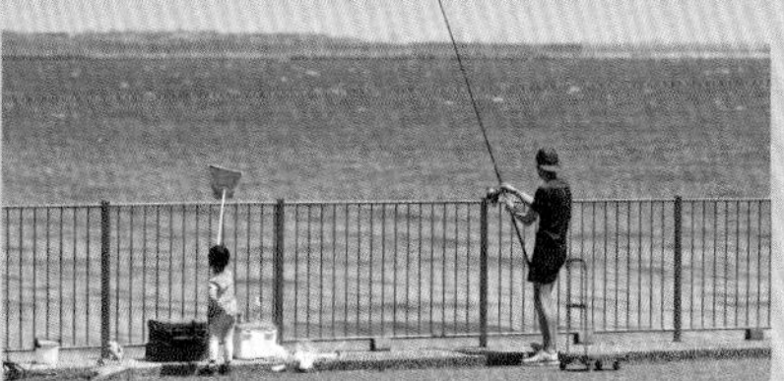

海を見て右側は柵が張り巡らされている。堤防を挟んで右側には人工浜「つばさ浜」が広がる

釣り専門というよりも釣り＋ピクニックというファミリーが多い

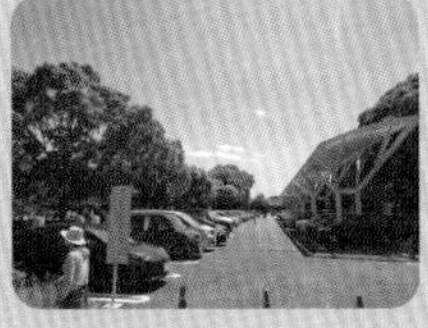

昔から知られた都内の貴重なオアシスとあって休日ともなると駐車場待ちの行列ができることも。かなり人気が高く混雑していることは覚悟しよう

春先はメバル、
カサゴもねらえる

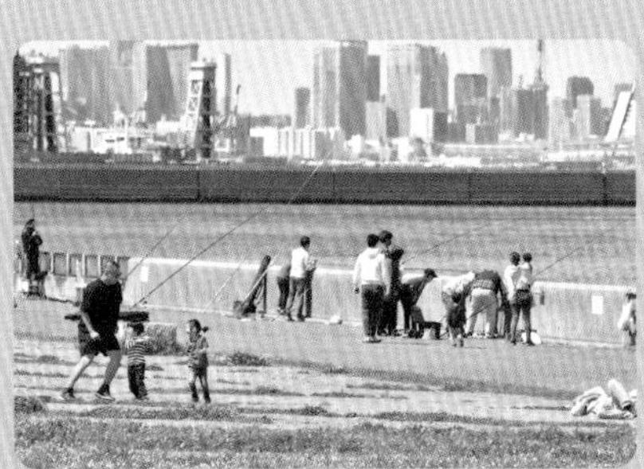

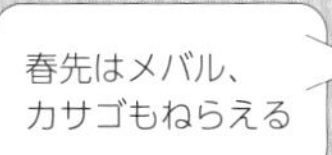

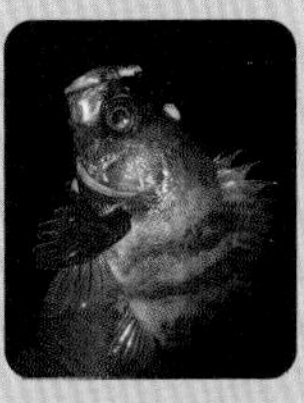

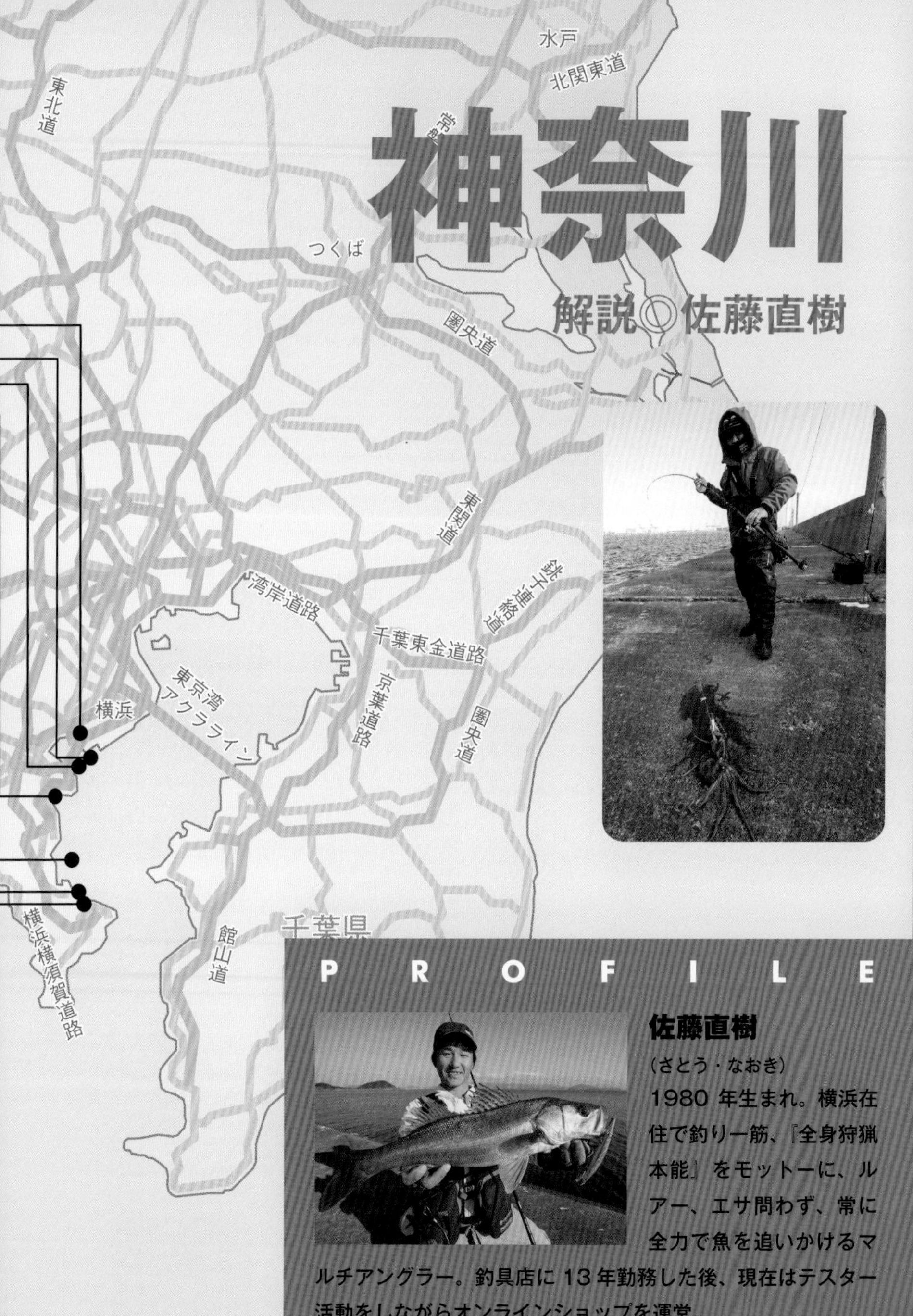

神奈川

解説◎佐藤直樹

PROFILE

佐藤直樹

（さとう・なおき）

1980 年生まれ。横浜在住で釣り一筋、『全身狩猟本能』をモットーに、ルアー、エサ問わず、常に全力で魚を追いかけるマルチアングラー。釣具店に 13 年勤務した後、現在はテスター活動をしながらオンラインショップを運営。

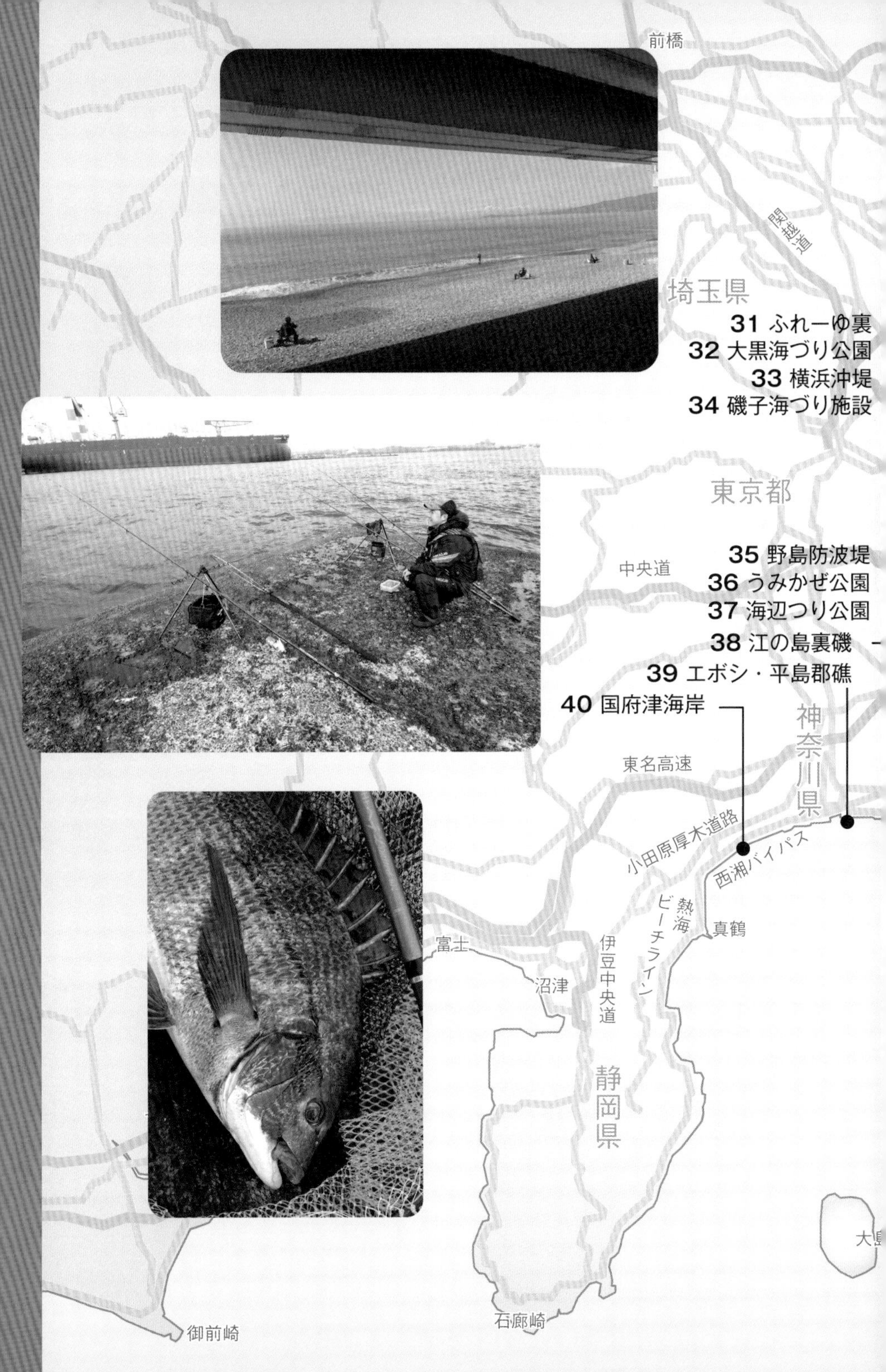
前橋
関越道
埼玉県
31 ふれーゆ裏
32 大黒海づり公園
33 横浜沖堤
34 磯子海づり施設
東京都
35 野島防波堤
中央道
36 うみかぜ公園
37 海辺つり公園
38 江の島裏磯
39 エボシ・平島郡礁
40 国府津海岸
神奈川県
東名高速
小田原厚木道路
西湘バイパス
熱海ビーチライン
真鶴
富士
伊豆中央道
沼津
静岡県
御前崎
石廊崎

神奈川県横浜市

ふれーゆ裏（末広水際線プロムナード）

Fure-yuura(Suehiromizugiwasen-promenade)

釣りものカレンダー

春	メバル カレイ	カサゴ シリヤケイカ	シロギス
夏	クロダイ アジ ハゼ	シーバス イワシ	マゴチ アナゴ
秋	メジナ イナダ	アジ タチウオ	メバル アオリイカ
冬	メバル	カサゴ	ヒイカ

鶴見川河口に面した好釣り場

鶴見川河口近くの工業地帯にある「高齢者保養研修施設ふれーゆ」。ここに隣接した海沿いをプロムナードとして整備し、市民の憩いの場として釣りも楽しめるようになっている。柵もあり足場もよく、ファミリーにも安心して楽しめる人気の釣り場で、淡水と海水が交わるエリアのため季節に応じて多彩な魚種をねらうことが可能だ。

ふれーゆのポイントは大きく3ヵ所に分けることができる。駐車場からすぐの「手前」は鶴見川河口側のポイントで、ハゼ、カレイ、シーバス、マゴチなどがねらえる。駐車場から近いこともあり、とても人気のポイント。ここでは軽めのオモリを使ったチョイ投げが有効だが、干潮前後は下りの潮がかなり早くなるため、重いオモリも用意し流れの強さに合わせることがコツ。

しばらく歩いていくと遊歩道が折れ曲がった先に「中央」が見えてくる。この付近はふれーゆ裏の中でも一番沖に張り出しているため、潮の流れがよく回遊魚のポイントになっている。夏場はアジ、イワシで賑わい、秋になるとイナダが回ってくることもある。また夏〜秋の夜はタチウオねらいの電気ウキが列をなす。活性が高ければルアーでも釣れるが、夜はエサ釣りに分がある。ルアーでねらう際は朝マヅメをオススメする。

そしてさらに行った「奥」。駐車場からかなり歩くため人気はないが、その分プレッシャーは低い。沈み根も点在しているので、カサゴやアナゴなどをねらうならこのポイントがよい。

秋になるとアオリイカもねらえ、例年だと9月一杯で終わってしまうが、数釣りを楽しめる。そして、夜に人気なのがアジング。プロムナードには所々に常夜灯があり、常夜灯に集まる習性を利用し釣果を上げている。

このふれーゆ裏は、振りかぶっての「投げ釣り」が禁止されているので投げる際は下投げ（アンダーキャスト）を心掛けよう。また、バーベキュー、花火等の使用も禁止されているため、ルールを守って釣りを楽しんで欲しい。

ACCESS

クルマ

首都高速・生麦ICまたは汐入ICで降り、産業道路に入って鶴見区小野町付近で海方面へ曲がる。

電車

JR京浜東北線・鶴見駅下車。または京浜急行線・京浜鶴見駅下車。7番乗り場より川崎鶴見臨港バスの鶴08系統ふれーゆ行で終点ふれーゆ下車。

駐車場

営業時間　9：00-21：00（10～3月は9：00-20：00）

定休日　毎月第2火曜と年末年始

※営業時間外は車の出し入れができない

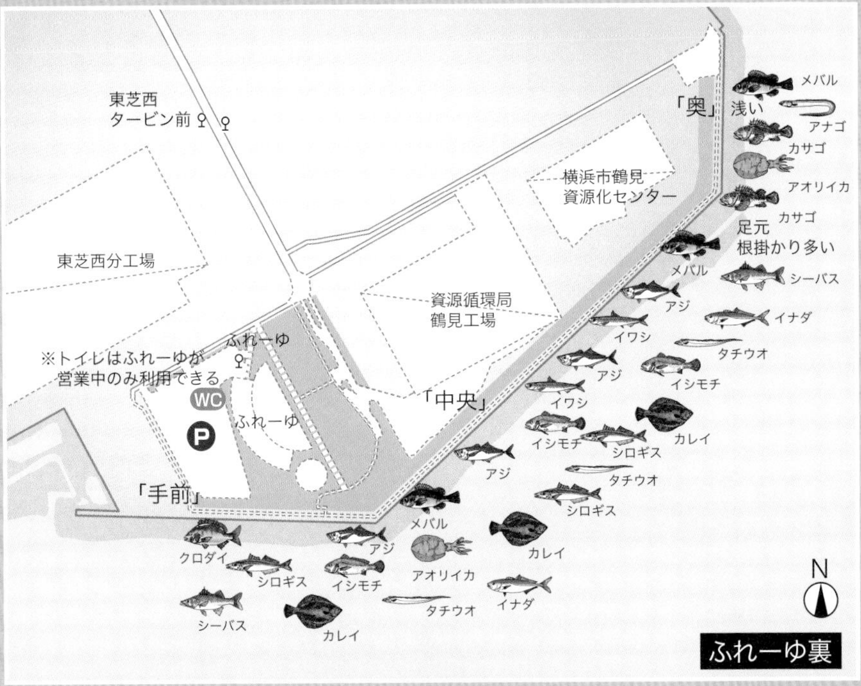

ふれーゆ裏

東芝西
タービン前
東芝西分工場
横浜市鶴見
資源化センター
資源循環局
鶴見工場
ふれーゆ
※トイレはふれーゆが
営業中のみ利用できる
WC
P
ふれーゆ
「手前」
「中央」
「奥」
浅い
足元
根掛かり多い
メバル
アナゴ
カサゴ
アオリイカ
カサゴ
メバル
シーバス
アジ
イナダ
イワシ
タチウオ
アジ
イシモチ
イワシ
カレイ
イシモチ
シロギス
アジ
タチウオ
メバル
シロギス
カレイ
クロダイ
アジ
アオリイカ
シロギス
イシモチ
イナダ
タチウオ
シーバス
カレイ
N

鶴見つばさ橋を望む

足もとから3mくらい先までゴロタが沈んでいてカケアガリになっている

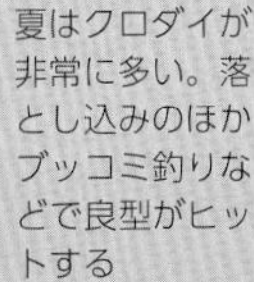

夏はクロダイが非常に多い。落とし込みのほかブッコミ釣りなどで良型がヒットする

鶴見川の河口に面した足場のよい釣り場

奥に進むと田辺運河に面したポイントになる

神奈川県横浜市

大黒海づり施設

Daikoku-umidurisisetsu

釣りものカレンダー

春	メジナ コノシロ シリヤケイカ	アジ カサゴ	イワシ イシモチ
夏	クロダイ アジ マゴチ シロギス	メジナ サバ カサゴ	フッコ イワシ イシモチ
秋	クロダイ アジ コノシロ	メジナ サバ カサゴ	フッコ イワシ タチウオ
冬	アジ カレイ	メバル	カサゴ

公園に隣接する桟橋タイプの釣り施設

近隣の本牧海釣り施設が工事中で縮小営業のため、こちらが本牧・大黒の海釣りのメイン釣り場となる（2021年5現在）。沖に延びた桟橋は潮通しもよく、足もとで水深7・5m、その先はなだらかに深くなっており、30m先から水深17mで平坦な砂泥になっている。

桟橋は南南西を向いていて、時間帯によって日向側、日陰側となる。足もとをねらう場合はそういった要素も頭に入れてねらうとよい。桟橋の長さは200m、幅17mで両側とも全面に高めの手すりがあるので安全に釣りが可能だ。営業時間が季節ごとに異なるため、事前に確認してほしい。管理棟には、休憩所のほか、車椅子対応のトイレ、釣り具も扱う売店もあり、貸し竿などの充実した設備が魅力。見学者を含め入場者が180名を超えた場合、安全のため釣り方に制限がかかる。ルアー、エギ、テンヤ、遠投カゴ、飛ばし浮き、浮きフカセなどの釣り方はアンダースローでの投入のみになり、オーバースローは『普通の投げ釣り』のみとなる。

人気はやはりサビキ釣り。群れが回ってくるとアジやイワシがコンスタントにあがる。潮が速い時はサビキセットのオモリでは流されて釣りにならないことも多いので、8号前後のオモリも持って行ったほうがよいだろう。

春になるとエギやスッテでシリヤケイカの数釣りが楽しめる。夏のマゴチねらいは定番だが、最近では外道でヒラメが釣れることが増えた。釣れたイワシやキスで泳がせても面白い。また夏には足もとや日影部分の岸壁ジギングでフッコが釣れる。また投げ釣りではイシモチも好釣果が出る。投げドウヅキ仕掛けがオススメだ。秋になると少ないながら回遊魚も回ってくる。青物ねらいは先端付近の潮通しのよいポイントを抑えるのがポイント。冬になると東京湾内の海水温はぐんと下がり厳しい季節になる。カレイやカサゴなど低水温下にも強い魚種をねらっていこう。営業時間は夕方まで、夜釣りはできないのでルアーねらいは早朝が有利になる。

ACCESS

クルマ
首都高速湾岸線・大黒ふ頭ICを降りて施設へ。

電車
JR横浜駅東口から109系統で大黒海づり公園下車。またはJR鶴見駅から17系統で大黒海づり公園下車。

大黒海釣り施設

P
「バス停」
大黒海づり公園
WC
大黒緑地公園
管理棟
WC
釣り禁止エリア
キス
メバル
カレイ
カサゴ
キス
アジ
カレイ
アジ
イワシ
シーバス
メバル
カサゴ
イシモチ
シーバス
シリヤケイカ
イワシ
イシモチ
シーバス
イナダ
N

赤灯台に向かって内と外に釣り場がある

管理棟にはトイレ、売店、休憩所も完備

問合先

大黒海づり施設

住所：神奈川県横浜市鶴見区大黒ふ頭 20 番地先
電話番号：045-506-3539
利用時間：4 ～ 10 月は午前 6 ～午後 7 時、11 ～ 2月は午前7～午後5時、3月は午前6～午後6 時。
定休日：施設点検日と年末年始。荒天時は臨時休業する場合がある。
料金：大人 900 円、中学生 4 5 0 円、小学生300 円（回数券や見学券もあり）。

3 ～ 10 月は午前 6 時から開園するため朝マヅメが楽しめる

夏から秋はフッコが多い。バイブレーションなどで広範囲を探ると連発することも

海側は釣り場、中央は通路ときれいに分けられている。各所にゴミ箱などが配置されている

神奈川県横浜市

横浜沖堤

Yokohama-okitei

釣りものカレンダー

春	クロダイ カサゴ	メジナ アジ	シーバス サヨリ
夏	クロダイ マゴチ キス	メジナ アジ アナゴ	シーバス カサゴ タコ
秋	クロダイ シーバス カサゴ アオリイカ	メジナ アジ キス	イナダ サヨリ アナゴ
冬	クロダイ カサゴ カレイ	シーバス メバル	アジ イシモチ

港町・横浜を臨む、魚影が濃い沖堤防

電車でも手軽にアクセス可能な横浜港の沖にある防波堤群。ベイブリッジの下や横浜港内に点在する10もの堤防へ渡船で手軽に行くことができる。初心者向きの足場のよい堤防から、潮が満ちると浸かってしまう上級者向きの堤防まで大小さまざま。水深は5～10mのところが多く、深い所は15m近くある。潮通しもよく、渡船利用者しか釣りができないため場荒れも少なく魚影は濃い。

魚種はルアーでねらうシーバスやカサゴ、落とし込みのクロダイ、夏になるとマゴチやマダコも人気。5～9月の週末限定の「半夜」や朝まで釣ることができる「夜通し」など上級者の心をくすぐるプランも魅力だ。

クロダイ、シーバス、カサゴは通年ねらえ、ゴールデンウィークからマゴチが寄る。ハゼやキスの泳がせでねらうのが定番だが、ルアーでねらっても面白い。タコも濃く、テンヤやタコエギで足もとを丹念に探ればコンスタントに上がるだろう。秋になるとサヨリが表層のウキ釣りでよく釣れる。表層にサヨリの群れが泳いでいるのが見えたら、ルアーロッドにフカセウキでも充分に遊ぶことができる。

投げやぶっこみ釣りなら、イシモチ、カレイ、アナゴといった東京湾の定番の魚種が顔を出す。アジは夏の半夜・夜通しが楽しい。専門的にアジングで通う上級者も多い。秋はアオリイカ、イナダやタチウオが回ってくることもあり、横浜とはいえ侮れない釣り場だ。

エサの多くは渡船屋で購入可能だが事前に確認しておきたい。横浜防波堤はトイレがないので、トイレは事前に済ませ、対策を講じておくこと。また、夏場も逃げ場になる日陰がないので、充分な水分を忘れずに用意しておくこと。

ライフジャケットの着用が義務付けられており、ルアーのテクトロ、オキアミのコマセは禁止されている（サビキ釣りのアミコマセは可能）。防波堤が混み合った際には、使用するサオは3本まで。防波堤でのタンクガニ、カラスガイの採取は禁止されている。

スパイクでの乗船はできないので、滑りにくいゴムのソールのシューズかフェルトタイプのシューズを利用する。

ACCESS

クルマ

車は首都高速・本牧ふ頭IC、新山下ICからそれぞれ約5分。山下橋の信号を左折して、橋を渡ったらすぐに左方向の道路に進入すると目の前。

電車

●みなとみらい線・元町中華街駅を降り、5番出口から徒歩3分。

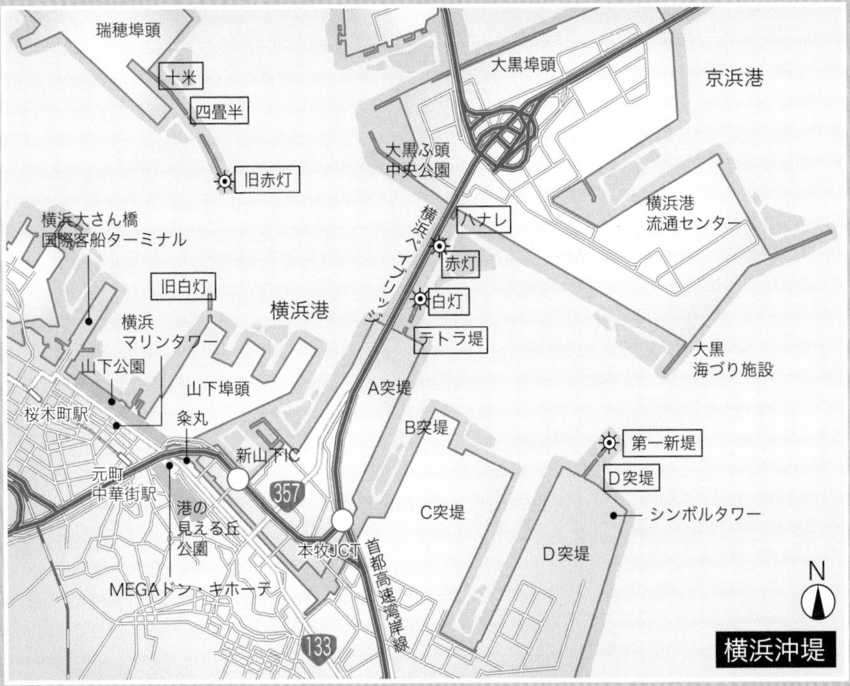

横浜沖堤

瑞穂埠頭
十米
四畳半
旧赤灯
大黒埠頭
京浜港
大黒ふ頭
中央公園
横浜港
流通センター
横浜ベイブリッジ
ハナレ
赤灯
白灯
テトラ堤
横浜大さん橋
国際客船ターミナル
旧白灯
横浜港
横浜
マリンタワー
山下公園
山下埠頭
大黒
海づり施設
A突堤
B突堤
桜木町駅
粂丸
新山下IC
第一新堤
D突堤
元町
中華街駅
357
シンボルタワー
C突堤
港の
見える丘
公園
本牧JCT
首都高速湾岸線
D突堤
MEGAドン・キホーテ
133
N

横浜の象徴・ベイブリッジを中心に10の釣り場が展開する

問合先

粂丸（旧山本釣船店）

住所：神奈川県横浜市中区新山下 1-4-1

電話番号：045・622・0997

営業時間：渡船1便は6時、最終迎えは16時（4～10月は最終20時半）

定休日：木曜日

渡船料金：大人3000円、18歳未満2000円（横浜沖堤は予約不要。川崎新堤は要予約。5名から渡船）

青物からシロギスまで多彩な釣りものがいるが、やはりヘチ釣りでねらうクロダイは横浜沖堤の顔だ

横浜市内にタコの漁業権はないのでタコ釣りも楽しめる。周年ねらえるが、ヘチ釣りとバッティングしない低水温期が盛ん

現在は粂丸が渡船を行なっている

最も沖側に位置するD突堤。その沖に見える白い灯台が第一新堤。さらに奥に見える赤い灯台は大黒海づり施設

神奈川県横浜市

磯子海づり施設

Isogo-umidurisisetsu

釣りものカレンダー

春	メジナ コノシロ	アジ カサゴ	イワシ メバル
夏	クロダイ イワシ カサゴ タコ	メジナ コノシロ イシモチ	アジ サバ キス
秋	クロダイ イワシ メバル カレイ	メジナ コノシロ カワハギ	アジ カサゴ アオリイカ
冬	アジ メバル	コノシロ カレイ	カサゴ

延長500m、幅3mのL字に曲がった釣り桟橋。漁礁が4ヵ所あり、水深は足もとの消波ブロックで2m、徐々に深くなり沖で12mほど。沖は潮が速いので多くの魚種が集まる。また、近くには火力発電所があり、その温排水の効果で、冬でも比較的釣果が出る。ビギナーでも簡単なサビキ釣りがオススメで通年アジやコノシロが釣れる。潮が速いと釣りにくいので、5号前後の少し重いオモリを持っていこう。2号クラスで4m前後のサビキ専用ザオか軟らかめの投げザオが合う。アジは小型も多いので、小さなハリのサビキ仕掛けかトリック仕掛けが◎。アジの型がよい時やコノシロが回っていたら仕掛けを太くする。

4ヵ所に沈められた漁礁の効果でカサゴなどの根魚も安定してねらえる。足もとの隙間や落とし込み釣りでメバルの数釣りも可能。

クロダイやメジナはウキフカセ釣りででねらう。近年は特にメジナの魚影が濃いうえに2019年4月より一時的にオキアミの寄せエサの使用が認められているのでウキフカセ釣りの練習にもなる。

また、ここはタコ釣りが可能な水域なので、夏場はタコ釣りでも賑わう。投げザオ派もいれば手釣り派もいる。大型のタコに底に張り付かれて悔しい思いをしないように万全を期したい。

湾奥に近いためか、サバやイナダ等の回遊魚は少なく、釣り方制限等もあり遠投はできないので、よほど自信がない限りここでの青物ねらいはなかなか厳しく、手前の魚を確実に釣っていくのが吉と出る。10月くらいから投げ釣りでカレイが釣れだす（投げ釣りの遠投は可）。沖の潮は速いことがあるので、潮に流されないオモリが重要となる。

トイレや売店もあり、レンタルロッド、エサ、仕掛け、飲み物の補充ができる。初心者でものんびり楽しめるファミリー釣り場だ。ルアー、エギ、テンヤ釣りはアンダーキャストのみ。周囲に気を付けてキャストしよう。その他、バクダン釣り、ダンゴ釣り、投げサビキ、カゴ釣り等の遠投釣りは禁止されている。

火力発電所の排水で冬でも水温が安定！

ACCESS

クルマ

首都高速1号線・横浜公園ICよりR16に入り磯子方面へ。磯子警察署の交差点を左折して、突き当たりの東電火力発電所先の岸壁が釣り場。

電車

JR根岸線・磯子駅東口下車。横浜市営バス85系『下水処理場行き』で「磯子海づり施設」下車

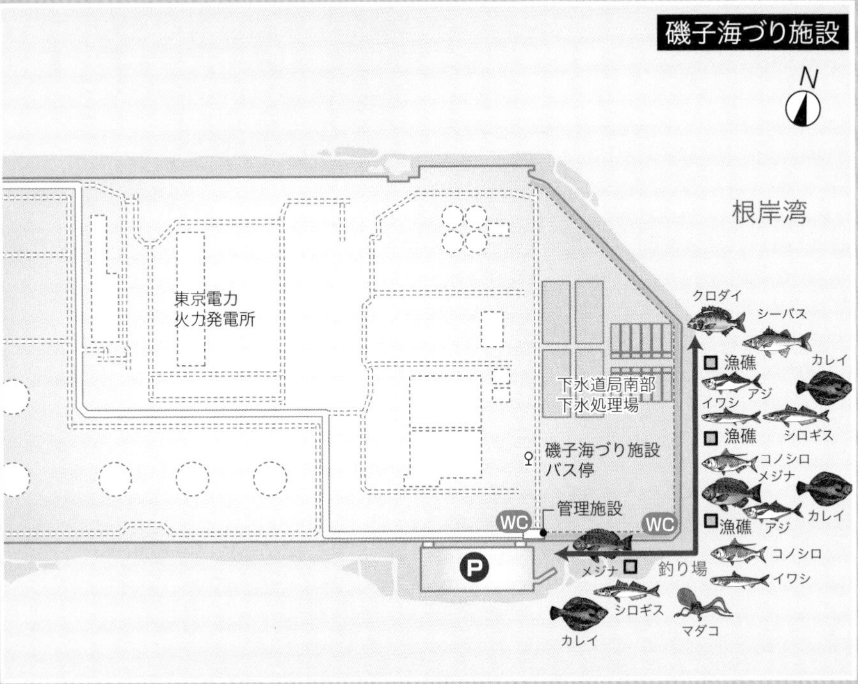

磯子海づり施設
N
根岸湾
東京電力
火力発電所
下水道局南部
下水処理場
磯子海づり施設
バス停
管理施設
WC
WC
P
釣り場
漁礁
漁礁
漁礁
クロダイ
シーバス
カレイ
アジ
イワシ
シロギス
コノシロ
メジナ
カレイ
アジ
コノシロ
イワシ
メジナ
シロギス
マダコ
カレイ

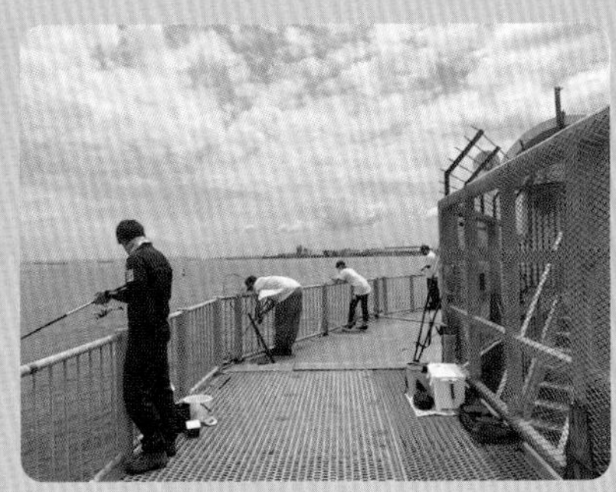

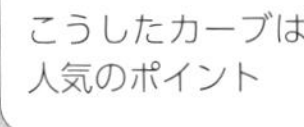

問合先

磯子海づり施設

住所：神奈川県横浜市磯子区新磯子町 39 番地
電話番号：045-761-1931
利用時間：3 ～ 6 月と 9 ～ 10 月は午前 8 ～午後 6 時、7 ～ 8 月は午前 8 ～午後 7 時、11 ～ 2 月は午前 8 ～午後 5 時。
定休日：施設点検日と年末年始。荒天時は臨時休業する場合がある。
料金：大人 500 円、小中学生 300 円（回数券や見学券もあり）。

こうしたカーブは人気のポイント

魚礁

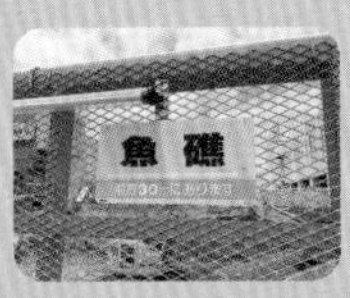

漁礁が沈められているポイントにはこのような表示がある

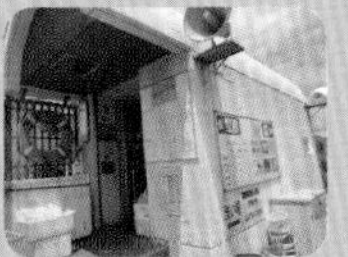

売店にはエサ、仕掛け、軽食などが揃っていて大変便利

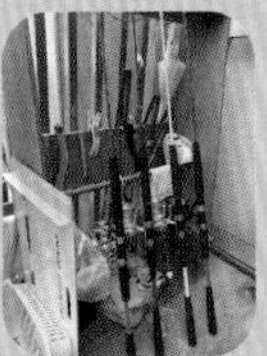

レンタルタックルも揃っているので家族や仲間は手ぶらで参加してもらうこともできる

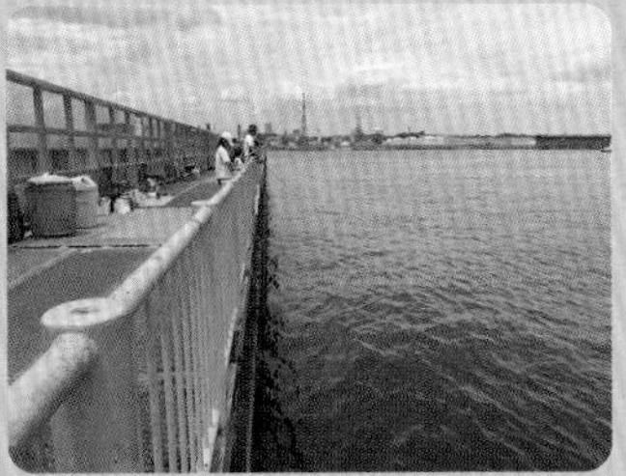

メジナ、クロダイ、マダコ、カレイ、アジ、コノシロなど意外なほど多彩な釣果が期待できる

神奈川県横須賀市

野島防波堤

Nojima-bouhatei

釣りものカレンダー

春	クロダイ カサゴ	マダイ メバル	シーバス カレイ
夏	クロダイ カサゴ	マダイ アジ	シーバス キス
秋	クロダイ イナダ カレイ	マダイ カサゴ アオリイカ	シーバス アジ コウイカ
冬	クロダイ アイナメ	カレイ	カサゴ

横浜市金沢区の船着場から渡船に乗って、横須賀市夏島町の沖にある防波堤に渡る。大小合わせて5つの防波堤があり、砂地、根、海藻帯とシチュエーションは多彩。野島公園駅近くの村本海事が防波堤への渡船を行なっている。

クロダイのヘチ釣りの人気釣り場として知られるが、ルアーでねらうシーバス、カレイやマダイの投げ釣り、秋にはエギングでねらうアオリイカ、コウイカ（スミイカ）、冬には大型のアイナメもねらえ、都心から近いわりに非常に面白い釣りができる釣り場だ。また、カサゴやメバルの魚影もすこぶる濃く、ルアー初心者にも充分楽しめる。

八景沖にある魚種豊富な沖堤防

手前にあるドッグ、ドッグ先は水深があり、クロダイの落とし込みやカレイの投げ釣りに人気。青灯～ハナレはつながっていて、全長400mにもなる広い釣り場。南側は砂地、北側は根や海藻帯が多く、ねらうポイントが絞りやすく野島初心者向きの防波堤と言えるだろう。北側をワームで広く探ればカサゴ、足もとの堤防の崩れた部分や隙間等をワームで丁寧に探っていくとムラソイがねらえる。

新堤はハナレの延長と考えて探っていく。最後に赤灯。ここは一番沖合に位置し、投げ釣りでマダイがよくあがっている。各所クロダイは足もとを釣ることが多いので、水面を覗いたり堤防の端を歩く行為は控えること。他のスタイルの釣り人への配慮をお互いに忘れないように心掛けてほしい。

村本海事ではエサの販売、レンタルタックルもある。初心者向けの釣り教室等も開催しているので、希望者は確認してほしい。季節によって運航時間が異なるので、事前確認しておこう。出港時刻によっては予約が必要な場合がある。

釣り場の多くは足場が低く、海苔で滑る場所もあるのでスニーカーは厳禁。スパイクブーツかフェルトタイプのシューズ、ブーツが望ましい。ライフジャケットは必ず着用すること。また、防波堤にはトイレがないのでトイレは事前に済ませ、対策を講じておく。夏場は逃げ場がないので、充分な水分を忘れずに用意しておく。野島防波堤では、ルアーのテクトロ、ウキフカセとダンゴ釣りのコマセは禁止されている。（サビキ釣りのアミコマセは可能）。

ACCESS

クルマ

横浜横須賀道路・並木ICより産業道路を経て金沢八景方面へ約10分または朝比奈ICよりR16号を経て八景島シーパラダイス方面へ約15分。首都高速湾岸線・幸浦ICからも約10分。

電車

金沢シーサイドライン・野島公園駅から徒歩1分、野島橋を渡った左側が乗船場

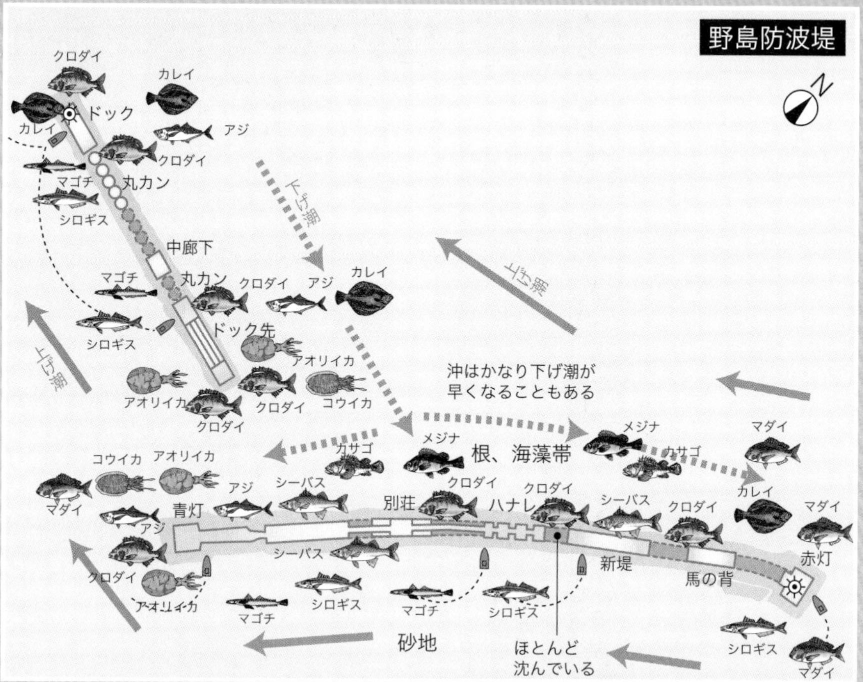

野島防波堤
N
クロダイ
カレイ
ドック
カレイ
アジ
クロダイ
マゴチ
丸カン
シロギス
下げ潮
中廊下
上げ潮
マゴチ
丸カン
クロダイ
アジ
カレイ
シロギス
ドック先
上げ潮
アオリイカ
アオリイカ
クロダイ
コウイカ
クロダイ
沖はかなり下げ潮が
早くなることもある
カサゴ
メジナ
根、海藻帯
メジナ
カサゴ
マダイ
コウイカ
アオリイカ
マダイ
アジ
シーバス
クロダイ
クロダイ
シーバス
クロダイ
カレイ
マダイ
青灯
アジ
別荘
ハナレ
新堤
赤灯
馬の背
シーバス
クロダイ
アオリイカ
マゴチ
シロギス
マゴチ
シロギス
砂地
ほとんど
沈んでいる
シロギス
マダイ

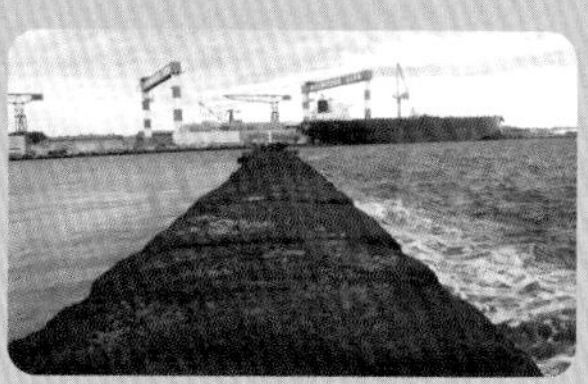

堤防の内と外で地形も底質もがらりと変化する。そこが面白い

問合先

村本海事

住所：神奈川県横浜市金沢区乙舳町 1-1

電話番号：045-781-8736

定休日：木曜日

渡船料金：日中 4000 円、半日 3000 円、タマヅメ延長 500 円、タマヅメのみ 2500 円など。朝便、9 時便、昼便などあるがすべて要予約。

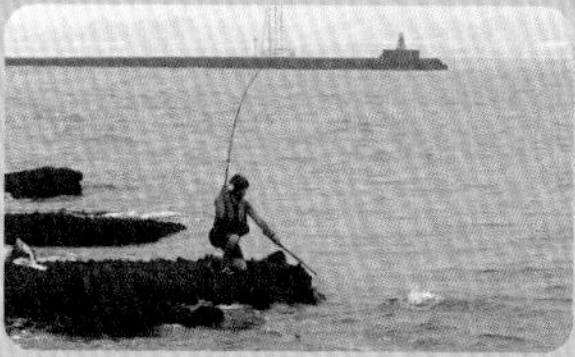

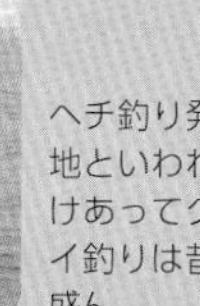

ヘチ釣り発祥の地といわれるだけあってクロダイ釣りは昔から盛ん

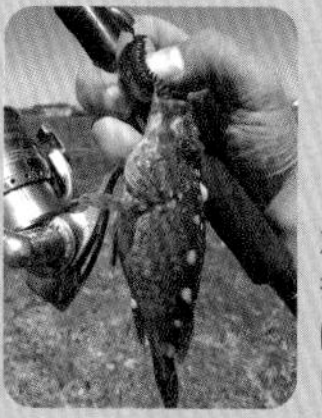

カサゴの魚影はとても濃くワームで日中にコンスタントにヒットする

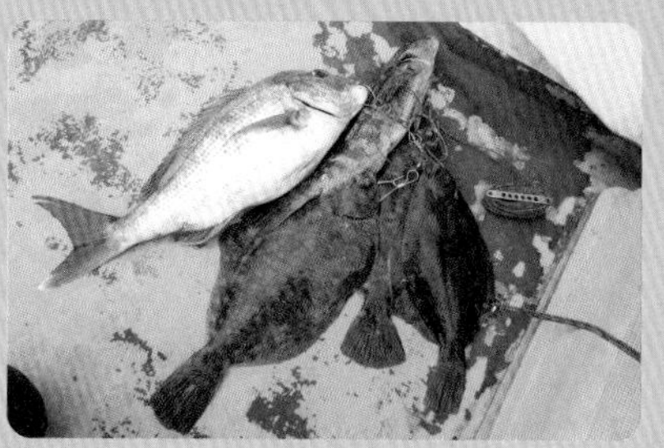

投げ釣りではマコガレイのほかアイナメ、マダイ、スズキが期待できる

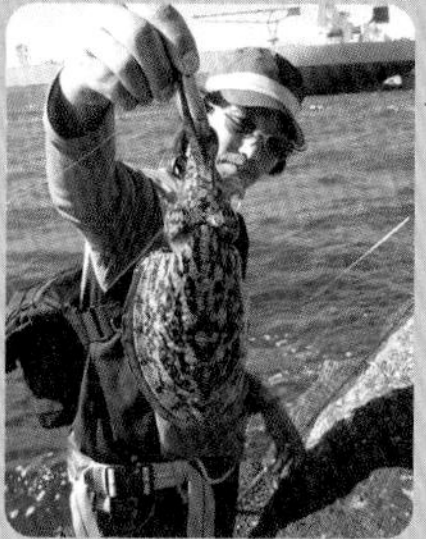

秋からはスミイカとアオリイカのエギングが人気。最近は春の大型も釣れるようになった

神奈川県横須賀市

うみかぜ公園

Umikaze-kouen

釣りものカレンダー

春	アジ	サバ	イワシ
	メバル	カサゴ	カレイ
	シロギス		
夏	メジナ	シーバス	アジ
	サバ	イワシ	カサゴ
	シロギス		
秋	クロダイ	シーバス	アジ
	サバ	イナダ	ソウダガツオ
	カサゴ	タチウオ	アオリイカ
	シロギス		
冬	クロダイ	シーバス	メバル
	カサゴ	カレイ	

24時間エントリー可能な手軽な堤防釣り場

海辺つり公園から、平成港を跨いだ北側に位置するうみかぜ公園の護岸も素晴らしい釣り場だ。海辺つり公園と違い24時間開放していて夜通しの釣りも可能。柵もあり、足場もよく安全な釣り場で、釣れる魚種は海辺つり公園と似ている。釣り場手前から、所々小さな根が点在し、徐々に深くなり、沖は泥底で投げ釣りでシロギス、カレイが釣れる。

春の夜はメバルのルアー釣りがオススメ。たまにシーバスがヒットするので気を抜いてはいけない。GW前後には小さなサバが回遊してくる。サビキやライトルアーで手軽に楽しめる。

夏になると回遊魚狙いのカゴ釣りが盛んになる。良型のサバやアジが上がる。夜になるとタチウオねらいの電気ウキがずらりと並ぶ。タチウオは、夜はエサ釣り、朝マヅメはメタルジグに軍配が上がる。夏から秋の夜はアジングも面白い。秋になるとアオリイカの新子が釣れ、2.5～3号の小型のエギで数釣りを楽しめる。10月に入って水温が下がったり、青物の回遊を始まるとアオリイカはパタッと釣れなくなる。カサゴやソイはドウヅキ仕掛け、投げ釣り、小型のワームで周年釣れるので他のターゲットが不発だった時に手堅く楽しめる。

秋から冬にかけてはカレイの投げ釣りが盛ん。沖は潮が速いので、重いオモリが有利になる。夜通しねらえば50㎝オーバーの大型カレイも夢ではない。

チョイ投げや、ブラクリ等の外道でハオコゼが釣れることがある。毒があるのでハリを外す際は注意しよう。トイレや自動販売機はあるが、エサの販売店はないので最寄りの釣具店で事前に準備する。混雑が予想される土日や大型連休中は、園内親水護岸（芝生広場前全域および突堤部）は釣り禁止となる。第二駐車場～ノジマモール裏はうみかぜ公園の管理外となっているため釣りを楽しむことはできるが、小さな子どもも多く、投げる際は必ず後ろを確認すること。釣り専用施設ではなく、ゴミ放置や通行人とのトラブルが起きれば、今後は釣りが禁止になる可能性もある点を理解したうえでマナーよく楽しんでほしい。

ACCESS

クルマ

横浜横須賀道路・横須賀ICから本町山中有料道路を経由しR16へ。安浦二丁目交差点を平成町方面に曲がり約700m。

電車

京浜急行線・県立大学駅より徒歩15分。

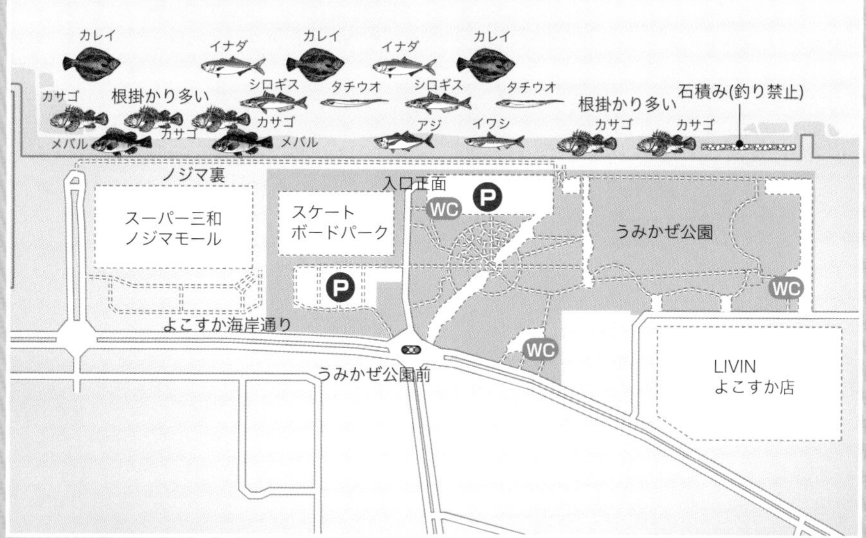

背後にはショッピングモール、公園、駐車場が隣接したとても便利で快適な釣り場。しかも 24 時間無料で開放されている

マコガレイの投げ釣り場としても有名

マコガレイねらいはよく目立つ専用仕掛けにアオイソメをたっぷり房掛けにする

秋が深まるとタチウオが岸壁のすぐ近くを回遊する

神奈川県横須賀市

海辺つり公園

Umibe-tsurikouen

釣りものカレンダー

春	アジ メバル シロギス	サバ カサゴ	イワシ カレイ
夏	メジナ イワシ	アジ カサゴ	サバ シロギス
秋	クロダイ サバ カサゴ	メジナ イナダ シロギス	アジ カワハギ タチウオ
冬	クロダイ カサゴ	メジナ カレイ	メバル

うみかぜ公園のお隣、横須賀市港湾緑地にある海辺つり公園はアクセスもよく、ボードウォークが広がる快適な釣り場。トイレも整備され、柵もあるので安心。後ろの芝生でのんびりするもよし、ファミリーにも最適な釣り場だ。施設利用料が無料（駐車場は有料）も嬉しい。朝5時～夜10時まで楽しめ、朝夕マヅメと夜釣りも楽しめる数少ない釣り公園と言える。

左手には猿島、右手には有名アジポイント走水が見える。潮通しがよく、所々に根や捨

東京湾口に面した無料のファミリー釣り場

て石が点在し魚影は濃い。足もとから沖まで魚種に合わせた多彩なねらい方ができ、シーズン問わず楽しませてくれる。

手堅く魚をキャッチするなら、潮通しのよさを利用したサビキ釣りのアジやイワシが手堅い。足もとでも充分釣れるが、長いサオのほうが有利な場合もある。常連さんは遠投カゴ釣りで好釣果を出している。また、小さなワームを使った根魚ねらいも面白く、カサゴがコンスタントにヒットする。フグも多いので予備のワームは多めに持っていこう。朝マヅメや夕方以降の薄暗い時間帯がよいが、潮が濁ると日中でもヒットする。小さなカサゴも多いので小型は極力リリースしたい。

秋になると青物ねらいの釣り人で賑わう。朝マヅメは30g前後のメタルジグでイナダ、サバ、タチウオをねらうと面白い釣りができる。釣りあげている人や、ナブラが出ていたらチャンスだ。

秋も深まり水温が下がってくると釣果はさみしくなるが、投げ釣りのカレイは面白くなる。沖の潮はかなり速いので、オモリは重めを用意し、潮流に合わせる必要がある。ジェットテンビンだと流されてしまうので、カイソーテンビンかスパイクテンビンがよい。

夜釣りでは、ワームでメバルやアジングが面白い。アジは常夜灯周りがねらいめでメバルは暗闇をねらう。

海辺つり公園ではコマセのヒシャク等による撒きエサは禁止されている（カゴ、海苔は可）。あとはハオコゼ等の毒魚に注意することと釣り場の後ろは通路になっているので、キャストする際は必ず後方を確認すること。

ACCESS

クルマ

横浜横須賀道路・横須賀ICから本町山中有料道路を経由しR16へ。『三春町三丁目』交差点を左折。

電車

京浜急行線・堀ノ内駅より徒歩8分

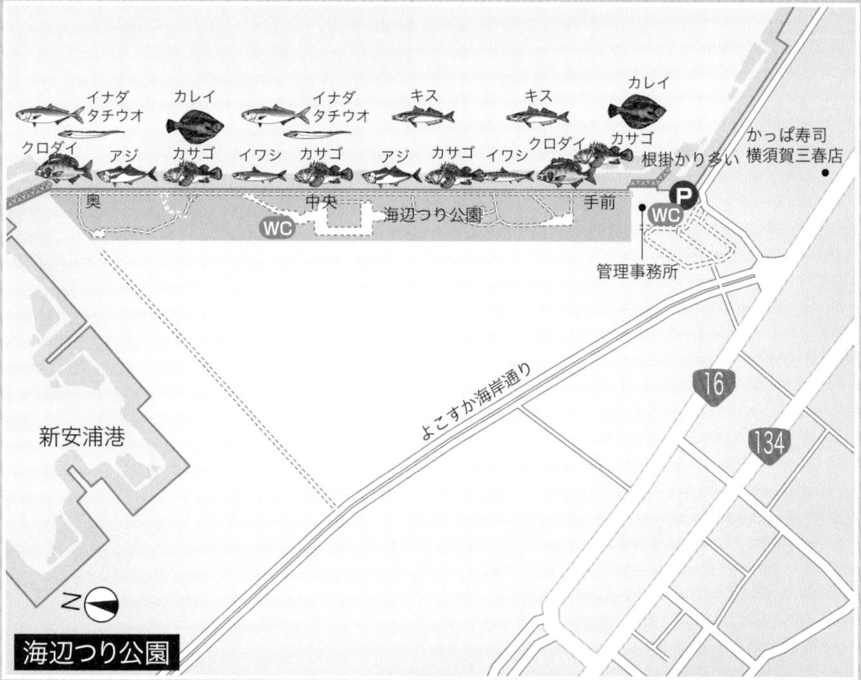

海辺つり公園

イナダ タチウオ
カレイ
イナダ タチウオ
キス
キス
カレイ
クロダイ
アジ
カサゴ
イワシ
カサゴ
アジ
カサゴ
イワシ
クロダイ
カサゴ
根掛かり多い
かっぱ寿司 横須賀三春店
奥
中央
手前
海辺つり公園
WC
P
管理事務所
よこすか海岸通り
16
134
新安浦港
N

開園時間は午前5時から午後10時まで。朝マヅメもタマヅメも楽しめる。遠投、撒きエサを使う釣りは禁止されている

東京湾を一望できる場所に複合遊具があり、お子さん連れに人気

有料駐車場は95台収容で24時間利用可能。1時間まで320円、以後30分毎に160円加算

問合先
海辺つり公園
住所：神奈川県横須賀市平成町3-1
電話番号：046-822-4022
利用時間：午前5～午後10時。
定休日：なし
料金：無料

マコガレイマニアも足しげく通う

お隣のうみかぜ公園と同じくタチウオの実績は高い

神奈川県藤沢市

江の島裏磯

Enoshima-uraiso

釣りものカレンダー

春	クロダイ メバル	メジナ カサゴ	シーバス イシダイ
夏	クロダイ サバ	メジナ シロギス	ワカシ カサゴ
秋	クロダイ サバ カサゴ	メジナ ソウダガツオ アオリイカ	イナダ シロギス
冬	クロダイ カサゴ	メジナ メバル	シーバス イシダイ

中級者～上級者に人気の湘南を代表する釣り場

湘南の誰でも知っている釣り場と言えば「江の島」だ。湘南大堤防～表磯、裏磯と人気の釣り場が広がる。しかし、2021年6月現在は東京オリンピックのセーリング会場のため、湘南大堤防は準備のため釣り禁止および立入禁止となっている（禁止期間は不確定）。そこで今回は江の島の裏側にある地磯（表磯・裏磯）を紹介する。

まず江の島に向かって左側から（湘南大堤防方面が通れないため、オリンピック期間中は山側を迂回して遊歩道へ行く）ぐるりと回って歩いて行くと、表磯となる道のりは平たんで楽なので初心者向き言えるかもしれない。ただし根は荒く、チョイ投げ等は不向き。ここはフカセ釣りのクロダイの実績が高い。他にもウキ釣り、エギング、探り釣りなどがオススメ。磯のスリットや足もとを丹念に探るとカサゴやムラソイもヒットする。ドウヅキ仕掛けならベラがコンスタントに釣れるので、手軽に楽しめる。

江の島に向かって右側から回り込むような形でたどり着くのが裏磯。こちらは山越えルートになるので、荷物を多く持っていくには少々辛い行程になる。潮通しがよく、夏になると回遊魚をねらったカゴ釣りやライトショアジギングが人気。サバ、ワカシ、ショゴ、ソウダガツオ、小型のシイラと回遊魚が賑わう釣り場だ。シーズン中は場所を確保するために早朝の薄暗い時間帯に釣り場に付くことをオススメする。投げ釣りでは、シロギス、カワハギ、カレイ、イシモチ、ホウボウと五目でねらえ、秋になると小型のエギでアオリイカの新子の数釣りが楽しめる。週末や祝日などは特に混雑する釣り場なので、お互い気持ちよくマナーを守って釣りを楽しんで欲しい。

外道で注意したいのが、毒針のあるハオコゼ、有毒のキタマクラ、鋭い歯を持つウツボだ。特にサバエサ等のブッコミでヒットするウツボは大暴れして危険なので、釣れたら無理をせずハリスを切ってリリースするのが望ましい。また、どちらも柵のない磯場、海苔や海藻などで滑りやいため、スパイクブーツ、ライフジャケットは必ず着用のこと。コマセの跡は必ず水汲みバケツを使用し洗い流してほしい。

ACCESS

クルマ

横浜新道・戸塚ICからR1、R467、R134を経由して江の島島内へ

電車

小田急江ノ島線・片瀬江ノ島駅より徒歩20分で江の島。裏磯まではさらに20分。

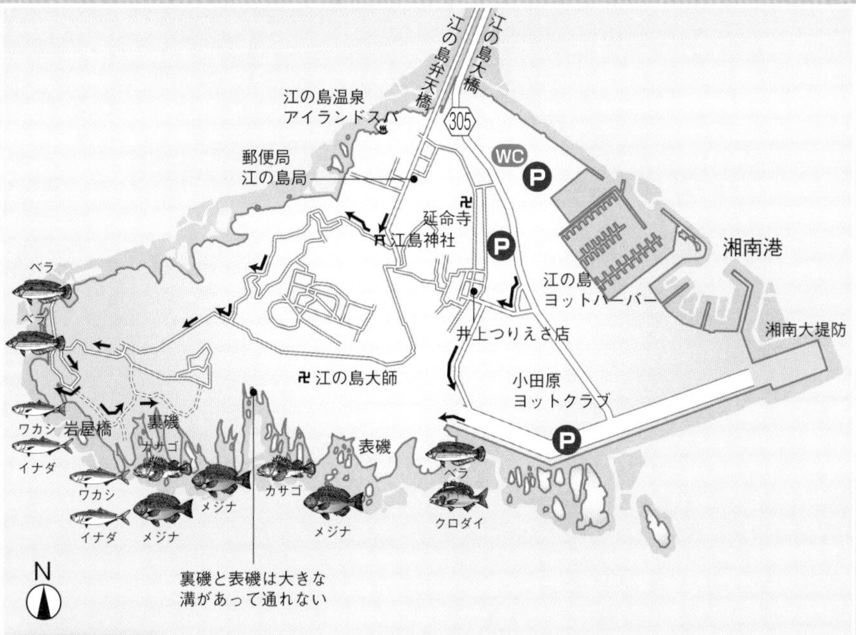

江の島裏磯

江の島大橋
江の島弁天橋
305
江の島温泉
アイランドスパ
郵便局
江の島局
WC
P
延命寺
江島神社
湘南港
江の島
ヨットハーバー
井上つりえさ店
湘南大堤防
江の島大師
小田原
ヨットクラブ
ベラ
ベラ
ワカシ
岩屋橋
裏磯
イナダ
カサゴ
ワカシ
メジナ
カサゴ
表磯
ベラ
クロダイ
イナダ
メジナ
メジナ
N
裏磯と表磯は大きな
溝があって通れない

足場のよい磯が
広がる裏磯

つり餌店　井上つりえさ店
定休日：火曜日・第二月曜日
住所：神奈川県 藤沢市 江の島 1-6-22
電話番号：0466-22-6779

遊歩道からすぐに入れる表磯には常に多くの釣り人が入っている

江島神社の大鳥居をくぐったらすぐを右折。ここから裏磯へ向かう。荷物が多いとキツイ行程だ

裏磯の右側は浅いポイントが広がる

平磯で足場はよいが黒く見える部分は海苔なので非常に滑る

神奈川県茅ケ崎市

エボシ・平島群礁

Eboshi・Hirashima-gunsyou

釣りものカレンダー

春	クロダイ ヒラスズキ	メジナ アオリイカ	イシダイ
夏	クロダイ ワカシ	メジナ アカハタ	イシダイ カサゴ
秋	クロダイ イナダ カサゴ	メジナ アオリイカ	イシダイ アカハタ
冬	クロダイ	メジナ	ヒラスズキ

都心から車で約1時間と、最も近い沖磯が湘南のエボシ・平島群礁。都心から近いとあってプレッシャーは高めだが、伊豆の沖磯に比べ足場が低く、傾斜が緩やかな釣り座が多いため、エントリーとしては最適な沖磯と言える。ただし、足場が低い分、強風時に渡船できないことや、渡礁できる人数が限られるので天気予報には充分注意したい。乗れる磯は10ヵ所以上あり、ポイントも多彩。通って地形、潮流等を把握し攻略する趣もある〝通〟な釣り場とも言える。

都心からもっとも近い沖磯

季節、コンディションによって幅広い魚種がねらえ、ウキフカセ、イシダイ、エギングの釣り場として人気。夏場はルアーで回遊魚、荒れてギリギリ乗れるタイミングではヒラスズキもねらえる。しかも最近ではアカハタ、オオモンハタの釣果も増え、侮れない釣り場だ。

このエリアの人気釣り物のひとつがクロダイ。エサはサナギが定番で、冬はオキアミがよく、30～40㎝のカイズクラスの数釣りから、冬から春の大型狙いと周年楽しめる。メジナは年々数も型もよくなり、今ではクロダイを超え、エボシの人気ナンバーワンターゲットだ。平島群礁ではクチブトメジナの数釣りが楽しめ、エボシ群礁ではオナガメジナがねらえるなどアングラーの力量に合わせて釣り場をチョイスできる。

イシダイは5～11月がシーズン。エサはヤドカリが定番。数・型共に上がっている。アオリイカは4～7月で、6月が最盛期。エギ、ヤエンでねらう。2kgを超える大型も珍しくない。秋は小型のエギで数釣りを楽しむことができる。ヒラスズキの魚影は伊豆ほど濃くないが、ベイトが入ったタイミング釣果が上がることが多い。アカハタ、カサゴはワームやドウヅキ仕掛けでねらう、ワームのスイミングで効率よくねらうのがアカハタのサイズ・釣果を伸ばすコツ。今後の期待を込め20㎝以下の小型のアカハタはぜひリリースして欲しい。

ライフジャケット、スパイクは必須アイテム。また、この釣り場では集魚材の使用が禁止で、クーラーボックスは20ℓまでと制限があるので注意したい。

ACCESS

クルマ

圏央道・寒川南ICから県道46号、R134へ。「交通機動隊前」交差点を南へ。

電車

JR東海道線・茅ヶ崎駅南口からタクシー、バスを利用。徒歩なら25分。

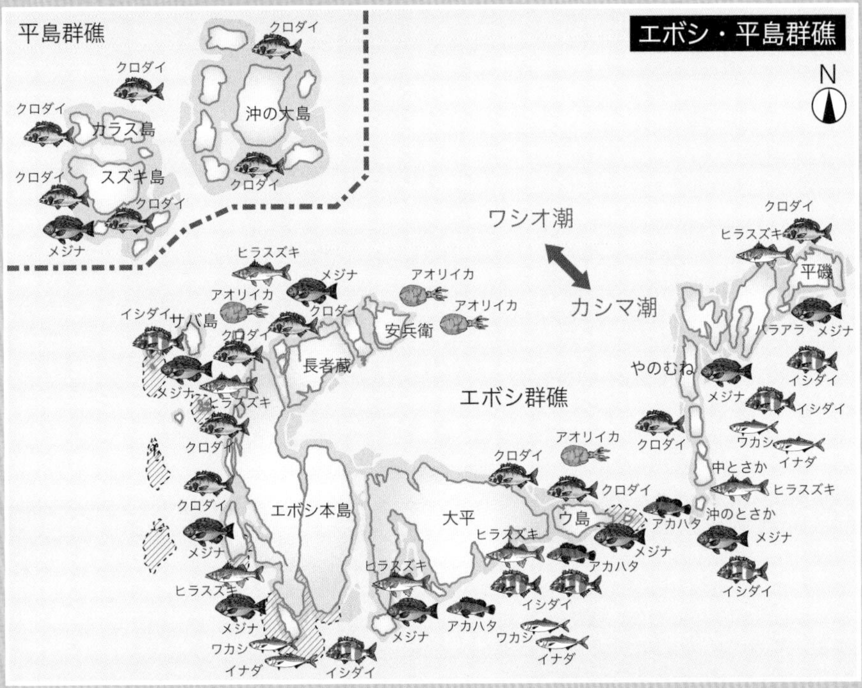

エボシ・平島群礁
平島群礁
N
沖の大島
カラス島
スズキ島
サバ島
長者蔵
安兵衛
エボシ群礁
エボシ本島
大平
ウ島
やのむね
中とさか
沖のとさか
平磯
ハラアラ
ワシオ潮
カシマ潮
クロダイ
メジナ
ヒラスズキ
アオリイカ
イシダイ
アカハタ
ワカシ
イナダ

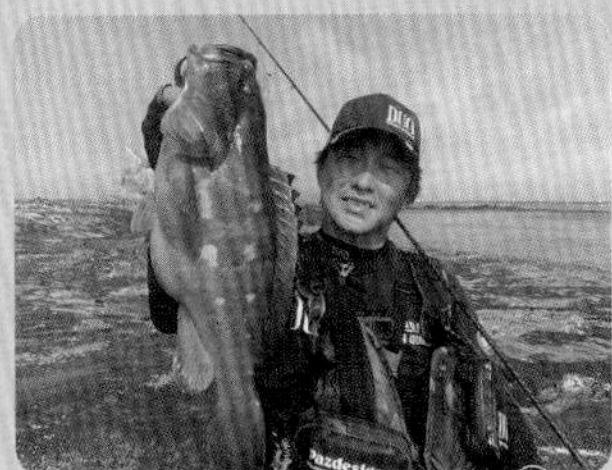

エボシ群島では最近アカハタが釣れるようになった

ワームで良型カサゴ

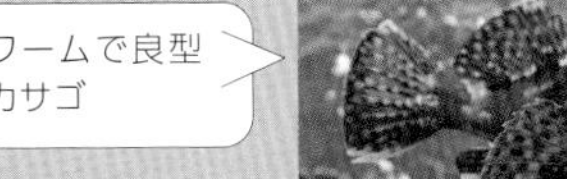

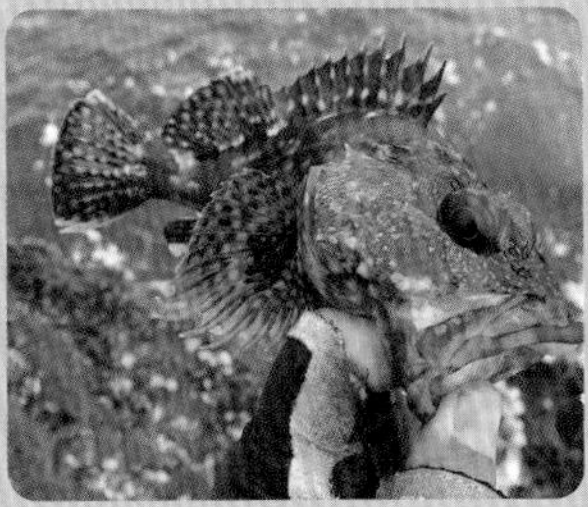

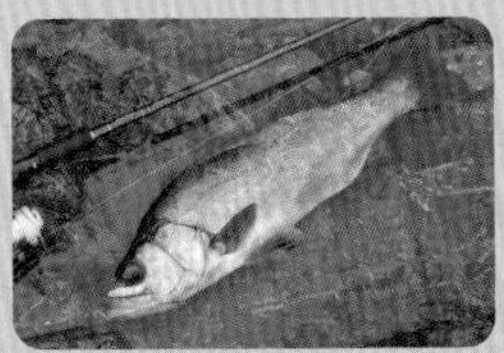

ベイトが入るとヒラスズキも期待できる

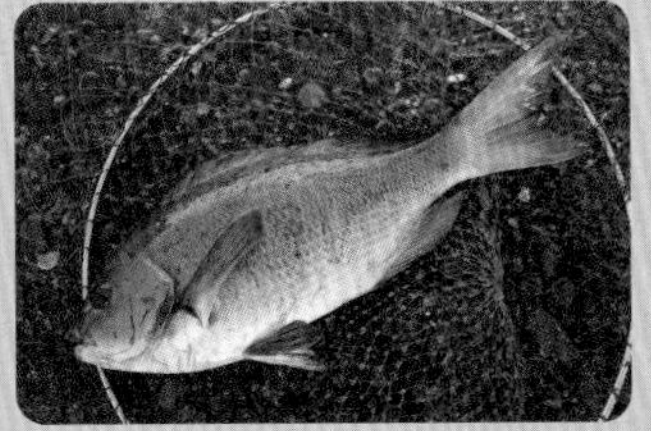

かつてはクロダイで名をはせたが、今はメジナが人気ナンバーワン。平島群礁ではクチブトメジナの数釣りが楽しめ、エボシ群礁ではオナガメジナがねらえる

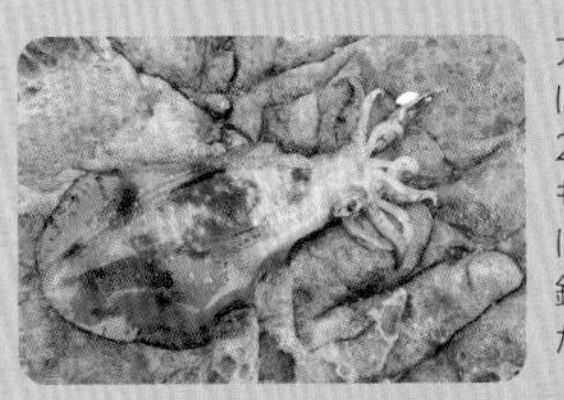

アオリイカの良型は6月が最盛期。2kgを超える大型も珍しくない。秋は小型のエギで数釣りを楽しむことができる

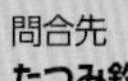

問合先
たつみ釣具店
住所：茅ヶ崎市南湖 4-23-5
電話番号：0467-82-6946
営業時間：渡船は6時半～14時半
定休日：なし
渡船料金：大人 4400円、小学生 2200円
（小学生未満は不可）

神奈川県小田原市

国府津海岸

Kouzukaigan

釣りものカレンダー

春	サバ	シロギス	
夏	ワカシ シロギス	ショゴ アナゴ	タチウオ
秋	イナダ マゴチ	ショゴ シロギス	ソウダガツオ アナゴ
冬	シーバス	ヒラメ	マゴチ

初夏になると青物が回遊を始め、ライトショアジギングで盛り上がる国府津海岸。アクセスがよく、初心者でもエントリーが可能な広大なフィールドで、多くの釣り人の受け皿になっている。投げ釣りでキス、アナゴがねらえるほか、ルアーの釣り場としても人気が高い。黒潮の影響を受けるため、サバに始まりワカシの第一陣はだいたい6月くらいにやってくる。初期は20㎝前後の小型サイズだが数が釣れ、ひと潮ごとにサイズアップして手軽に青物の強い引きを楽しませてくれる。

関東のライトショアジギングの聖地

ハイシーズンは7～8月。

その年の状況にもよるが、秋まで釣れ続くこともあり、ワカシのほか、ショゴ、サバ、タチウオ、カマス等も混じるライトショアジギングの入門にもオススメの釣り場だ。

ねらいめとなるのは、やはり早朝。日の出と同時に青物は回遊を始め、9時頃には群れが抜けてしまうことがほとんど。人気の釣り場だけに場所取りは必須で、好釣果を望むには夜が明ける前にポイントに到着し、夜明けを待つ。回遊が始まると周りでも釣れ始めるので、釣り人の動きには注目しよう。経験上、夜明けと満潮後の1時間に群れが寄ることが多い。また、ナブラや潮目が確認できたらチャンス。メタルジグ20～40gをメインに、群れのパターンによっては、ジグサビキ、弓ヅノなども有効で、表層から底まで群れを探しながらキャストを繰り返し探っていく。アクションは、高活性な時はスキッピング&速巻きで効率よく探り、食わなければボトムからのワンピッチジャーク。変化があればスローなシャクリで食わせていく。ジグのカラーはピンクシルバー、ブルピンがよい。ショゴは波打ち際のカケアゲリでヒットすることが多く、ギリギリまで気は抜けない。

ベイトはシラスだが、イワシやコノシロが入るとまれに大型青物（ワラサ・ブリ）の回遊がある。数は少ないがヒラメ、マゴチなども釣れることがある。激戦区で混雑する釣り場なので、釣り人の間に入る際は両サイドに挨拶・確認をし、気持ちよく釣りができるように心掛けてほしい。

ACCESS

クルマ

西湘バイパス・国府津 IC を降りてすぐ、駐車場は R 1 沿いにあるコインパーキングを利用すること。

電車

JR 東海道線・国府津駅より海岸までは徒歩 5 分。

東海道本線
国府津駅
東海道
1
内田釣具店
森戸川
西湘バイパス
国府津IC
西湘PA
駅下
浅くなり、
所により沈み根や海藻
ジョゴ
オオモンハタ
ジョゴ
ジョゴ
ワカシ・イナダ
ワカシ・イナダ
元プール下
シロギス
サバ
サバ
ジョゴ
ワカシ・イナダ
テトラ脇
タチウオ
少し深い
ヒラメ
ヒラメ
マゴチ
全域がポイント、釣果を伸ばすには
潮目が当たる場所をねらうのがコツ
N

国府津海岸

神奈川県内でもナンバーワンの広大な釣り場。朝日を浴びてのキャスティングは実に爽快だ

背後に西湘バイパス、さらに背後に富士山というグッドロケーション

ソウダガツオのナブラはルアーにセレクティブ。ジェットテンビン＋弓ヅノのほうがヒット率は高い

夜明けと同時にサバの群れと遭遇

シロギスのサーフキャスティングのメッカとしても有名

PROFILE

菊間将人
（きくま・まさと）
1962年生まれ。静岡県伊東市在住。釣り好きが高じて大学卒業後は大手釣り具メーカーに勤務。現在は静岡県内の大手釣具店に勤務。メジナ、アユ、アオリイカ、青物など幅広い釣りに精通。著書に『カゴ釣り入門』（つり人社）がある。

静岡（東伊豆）

解説◎菊間将人

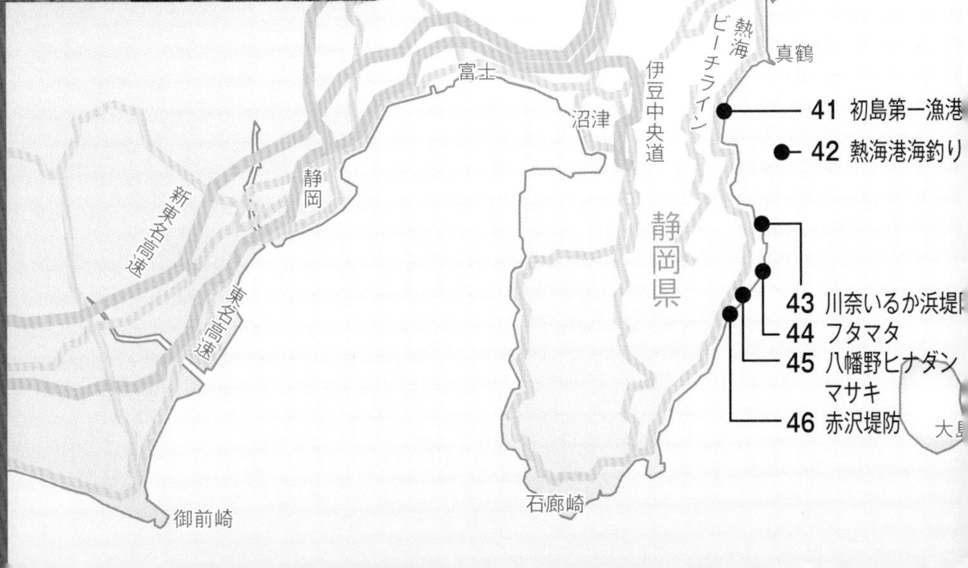

41 初島第一漁港
42 熱海港海釣り
43 川奈いるか浜堤
44 フタマタ
45 八幡野ヒナダン
マサキ
46 赤沢堤防

静岡県熱海市

初島第一漁港堤防

Hatsushima-daiichigyokouteibou

釣りものカレンダー

春	メジナ マダイ タカベ	アオリイカ メバル	イサキ カサゴ
夏	イサキ タカベ	マダイ	イシダイ
秋	イナダ マダイ タカベ	ソウダガツオ カンパチ	イシダイ メジナ
冬	メジナ メバル タカベ	アオリイカ カサゴ	ブダイ ヤリイカ

初島は熱海港から定期船を利用して25分で行ける観光と漁業のリゾートアイランドである。約10㎞沖合の島のため、潮の流れの強さは沖磯にそん色なく、ポイントは数多い。

第一漁港には定期船が発着する堤防がある。ここは平たんで足場がよく、水深があり、オールシーズンでさまざまな魚種がねらえる釣り場だ。

沖磯の雰囲気を手軽に満喫できる離島の堤防

なかでも、この周辺は岩礁帯のため磯釣りでおなじみの魚がターゲットになる。さらにそのなかでも特に人気が高いのは晩秋から冬がシーズンのウキフカセ釣りのメジナだ。初島は島のすべてがメジナのポイントといえるほど魚影が濃く、大型も多い。しかもここなら重たいコマセを持って歩く必要もなく、安全な足場の足もとで手軽に40㎝超えの良型がねらえる。

春〜秋にはカゴ釣りでイサキ、マダイ、青物などが釣れる。近年ではイサキを地磯や堤防から釣ることは難しくなってきているが、ここならその数釣りが可能である。

イシダイもねらえるが、最近は海水温が高いため、エサ取りやイシガキダイが減る11〜12月あたりがベストシーズンになる。

また、ねらう人は少ないが、アオリイカも非常に多い。私は冬のメジナ釣りのあとにエギングを楽しみ、春の大型シーズンはウキ釣りとヤエン釣りでかなりの釣果を上げてきた。

最後に。タカベは一般的には夏が旬の釣魚だが、初島では周年ねらうことができる。視力のいいタカベはサビキ仕掛けを見破ることもあるので、アミエビを多点ハリに付けるウキ仕様のトリックサビキ仕掛けが断然効果的だ。

ACCESS

クルマ

小田原厚木道路から西湘バイパス・石橋ICを経由してR135、真鶴道路、熱海ビーチラインを利用して熱海港を熱海後楽園方面へ。

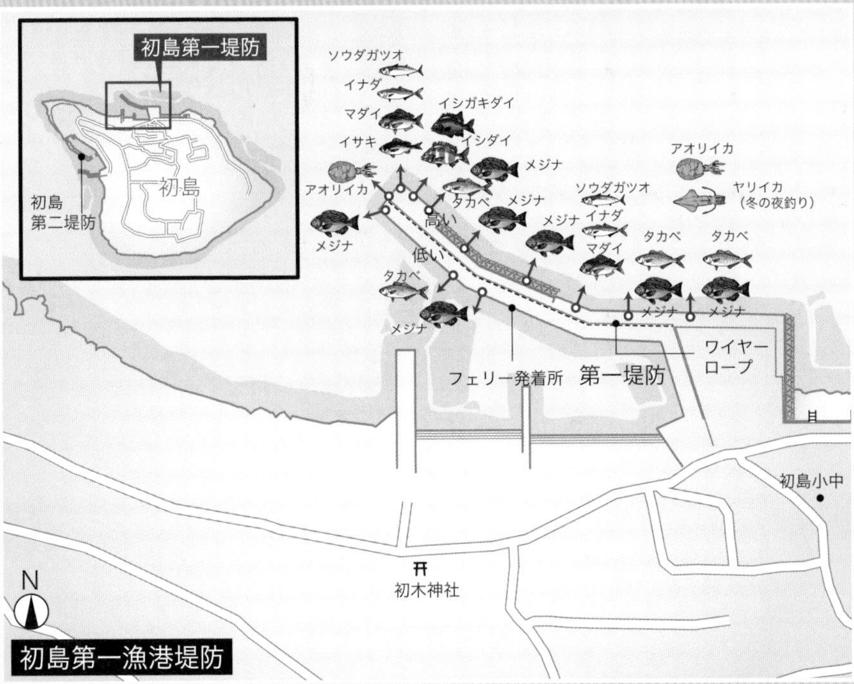

初島第一堤防

初島

初島
第二堤防

ソウダガツオ
イナダ
マダイ
イシガキダイ
イサキ
イシダイ
メジナ
アオリイカ
メジナ
タカベ
メジナ
高い
低い
メジナ
ソウダガツオ
イナダ
マダイ
アオリイカ
ヤリイカ
（冬の夜釣り）
タカベ
タカベ
メジナ
メジナ
タカベ
メジナ
フェリー発着所
第一堤防
ワイヤー
ロープ
初島小中
初木神社
N

初島第一漁港堤防

熱海からのフェリーが発着するのが第一漁港だ

問合先
富士急マリンリゾート
電話番号：0557-81-0541
運賃：往復で大人 2640 円、子ども 1320 円

このサイズが数尾あればお土産は充分！

塩焼きで美味しいタカベは周年このサイズが釣れる

ビギナーでもいきなりこのサイズのメジナがサオを絞り込んでくれるのは離島ならでは

ダイナミックな潮流は離島の沖磯にも負けない魅力がある

静岡県熱海市

熱海港海釣り施設

Atamikou-umidurishisetsu

釣りものカレンダー

春	クロダイ シロギス アオリイカ	メジナ メバル	ウミタナゴ マダイ
夏	アジ シロギス マダイ	サバ クロダイ マゴチ	イワシ スズキ
秋	イナダ マダイ クロダイ	ソウダガツオ アジ	サバ シロギス
冬	メジナ ヒラメ	アオリイカ メバル	カマス

伊豆半島で唯一の本格海釣り施設

熱海は古くから観光と温泉で知られ、都内からのアクセスもよいことから人気の観光地である。

ここには伊豆半島で唯一の大規模な海釣り施設がある。それは熱海港の南に位置する長い堤防に、安全のための外柵や手すり、そして水道やベンチなどを設置して15年前に開設された『熱海港海釣り施設』である。

この管理棟では指導員のレクチャー付きでレンタルタックル（有料）やライフベスト（無料）の貸し出し、エサや仕掛けの販売を行なっている。

そのためタックルのないビギナーのグループやファミリーでも気軽に釣りを楽しむことができる。

また、シーズンにより小物から大物まで多彩な魚種がねらえ、ビギナーからベテランまで幅広く人気の高い釣り場だ。

ここでは外向きと、灯台のある先端部は立入禁止のため、釣りができるのは港内向きのみである。それでも熱海港入口の大堤防のため潮通しがよく、最深部は15ｍ前後の水深があるため、ターゲットによっていろいろな釣法が楽しめる。

なかでもポピュラーなのがカゴ遠投釣りである。磯遠投げザオを使用し、エサを入れたカゴウキ仕掛けを遠くへ投げて、沖に居着く、あるいは沖合を回遊する魚をダイレクトにねらう釣法である。

ここではこのやり方で春の低水温期にクロダイやマダイ、夏から秋にはイナダやソウダガツオといった回遊魚が釣れる。

また、どなたでも手軽に魚が釣れるのがサビキ釣りだ。ノベザオと擬餌針の簡単なタックルで、釣り方も撒いた寄せエサに仕掛けを合わせるだけなので簡単。5月下旬には小アジや小サバ、夏にはウルメイワシ、秋はマルアジ、トウゴロウイワシなどが釣れる。

ACCESS

クルマ

小田原厚木道路から西湘バイパス・石橋ICを経由してR135、真鶴道路、熱海ビーチラインを利用して熱海港へ。

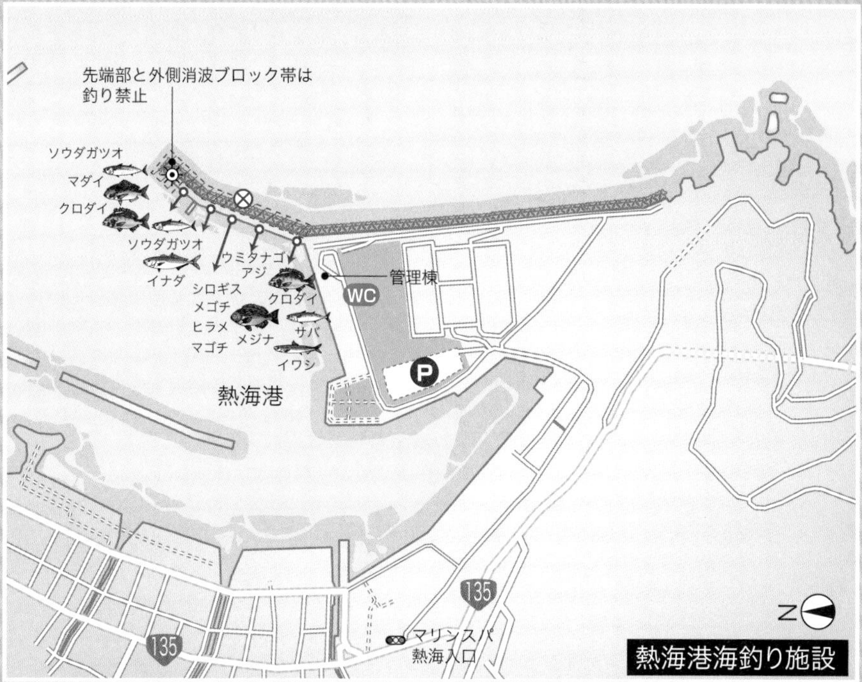

熱海港海釣り施設

先端部と外側消波ブロック帯は
釣り禁止
ソウダガツオ
マダイ
クロダイ
ソウダガツオ
イナダ
ウミタナゴ
アジ
クロダイ
シロギス
メゴチ
ヒラメ
マゴチ
メジナ
サバ
イワシ
管理棟
WC
P
熱海港
135
135
マリンスパ
熱海入口

問合先
熱海港海釣り施設
住所：静岡県熱海市和田浜南町 1694-32
電話番号：0557-85-8600
利用時間：午前 6 時～日没（11 ～ 3 月は午前 7 時から）
定休日：第 3 水曜日と花火大会開催日
料金：大人 500 円、小中学生 300 円（見学料金もあり）

周年寄せエサが入っているので小魚が多く、それをねらって大型のフィッシュイーターもコンスタントに回遊しているから侮れない！

指導員のレクチャー付きでレンタルタックル（有料）やライフベスト（無料）の貸し出し、エサや仕掛けの販売を行なっているので大変便利

釣り座はすべて港内を向いた側なので波も静かで安全

夏から秋にはイナダやソウダガツオといった回遊魚が釣れる

静岡県伊東市

川奈いるか浜堤防

Kawana-irukahamateibou

釣りものカレンダー

春	メジナ ヒラメ アオリイカ	ウミタナゴ カサゴ	シロギス メバル
夏	アジ カワハギ	サバ シマアジ	シロギス マダイ
秋	ソウダガツオ シロギス アジ	イナダ カマス	シマアジ メジナ
冬	メジナ ワラサ アオリイカ	カマス カサゴ	ヒラメ メバル

伊東市街地から5㎞ほど南に川奈港がある。その横に円形状に造成された堤防が「川奈いるか浜堤防」である。名前は、50年ほど前までここではイルカの追い込み漁が行なわれていたことに由来する。

駐車場（夏期のみ有料）は収容数27台でトイレが完備され、ベンチが設けられた公園のような釣り場でファミリーフィッシングにぴったりである。

堤防周辺の基礎ブロックには磯魚のメジナ、カサゴ、メバルなどがねらえる。特にメジナは小型が中心であるが魚影はとても濃い。そのため子どもでもノベザオに小さな玉ウキやトウガラシウキの細仕掛けを使えば、メジナの心地よい引きを楽しめるだろう。

また、堤防の外周は砂や小砂利のため投げ釣りでシロギス、カワハギ、ホウボウ、小型マダイが釣れる。

ここ10年ほどは秋から春先にはアカカマス（アブラカマス）の回遊があり、カマス用サビキバケやルアー（ジグヘッドリグ、小型ミノー、スピンテールジグ）、キビナゴエサのウキ仕掛けでねらうことができる。

このアカカマスの回遊に伴い、これを捕食する大型魚（ワラサ、カンパチ、ヒラメ、マゴチなど）が姿を見せるため、カマスを活きエサにした泳がせ釣りも楽しい。

安全に楽しめる魚種豊富な癒しの堤防

夏から秋はカゴ遠投釣りでソウダガツオ、イナダが釣れるが、ここでは数が少ないもののシマアジの回遊もあり、その強烈な引きには驚かされる。

また、20〜30mの近いポイントのカゴサビキ仕掛けでアジが釣れることがあるので細イトのサビキ仕掛けも用意しておくとよいだろう。

なお、伊東市内の各港でのアオリイカを含むイカ釣りは4〜9月は禁漁のためルールを厳守のこと。

ACCESS

クルマ

小田原厚木道路から西湘バイパス・石橋ICを経由してR135、真鶴道路、熱海ビーチラインを利用してR135を南下。伊東港を過ぎ川奈方面の標識に従い県道109号線へ。

川奈いるか浜堤防

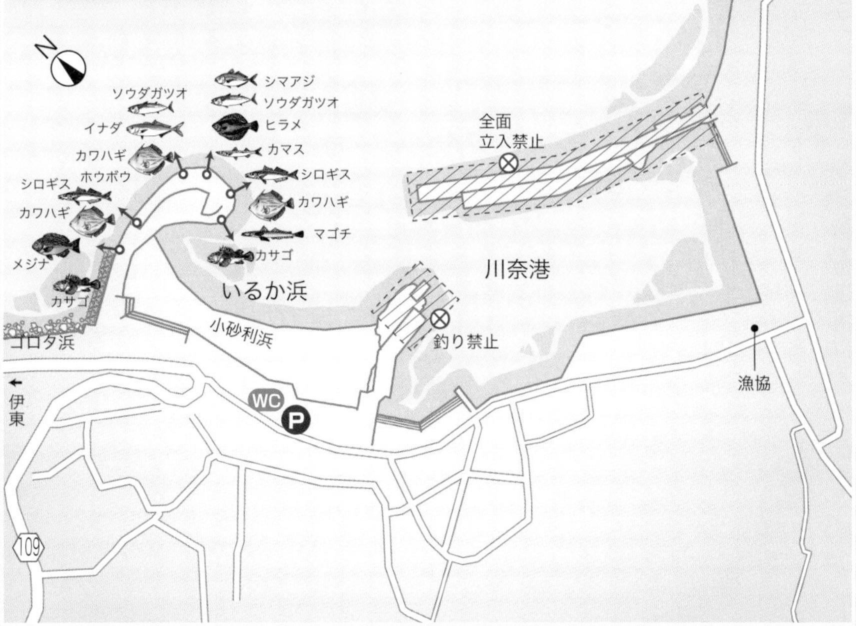

N

ソウダガツオ
イナダ
カワハギ
ホウボウ
シロギス
カワハギ
メジナ
カサゴ
シマアジ
ソウダガツオ
ヒラメ
カマス
シロギス
カワハギ
マゴチ
カサゴ

全面
立入禁止

川奈港
いるか浜
小砂利浜
ゴロタ浜
釣り禁止
漁協
← 伊東
WC
P
109

いるか浜堤防は足場が低く安全で釣りやすい。マナーを守って大事に残したい釣り場だ

収容数 27 台でトイレが完備された駐車場（夏期のみ有料）

穏やかな釣り場だがこんな良型メジナも飛び出すポテンシャルを秘めている

イワシや小サバやカマスの群れが接岸しているときは泳がせ釣りのチャンス

冬になればこのサイズのワラサの回遊も期待できる

静岡県伊東市

フタマタ

Futamata

釣りものカレンダー

春	メジナ メバル	ブダイ カサゴ	アオリイカ
夏	イサキ イシガキダイ	サバ	アカハタ
秋	イサキ アオリイカ	サバ イシガキダイ	アカハタ イシダイ
冬	メジナ メバル	ブダイ カサゴ	アオリイカ

城ヶ崎海岸は世界遺産「伊豆半島ジオパーク」の名所として広く知られる景勝地である。火山の溶岩で形成させた変化に富むダイナミックな地形は、古くから「磯釣り道場」として数多の磯釣りファンに愛され、素晴らしい釣り場がたくさんある。

そのひとつがこの「フタマタ」である。ここは超A級ポイントの「カドカケ」や、その隣の「モズガネ」の北側に位置し、南西風にとても強い釣り場だ。

南西風にめっぽう強いメジナ釣り場

南西風は低気圧が抜けたあとや春に吹くことが多いが、ここではかなり強くても釣りが可能である。私はこの風で他のポイントで釣りができないケースでの撮影や取材で幾度となく救われた思い出がある。

フタマタ周辺の水深は浅く、海底がハッキリと見える。しかし、非常に潮通しがよく、海底には大きな岩が敷き詰められており、この間に多くの魚が居着き、また回遊してくる。

メインターゲットは晩秋から春のメジナで、その魚影はすこぶる濃い。当然、潮の流れを読んでの釣りとなるが、ポイントは足もとから沖の潮筋と広い。ただ沖をねらっても水深は5〜6mと浅いため、タナ取りをした仕掛けのほうが攻めやすいと感じる。タマヅメには40㎝オーバーの良型が普通に釣れるので、これに対処できるタックルで臨むこと。

そしてブダイの魚影も濃く、サオ1本弱（約5m）のタナで根頭を流すと、サイズはまちまちながら数釣りができる。

また、アオリイカの回遊も多いため、エギングタックルも用意できればメジナ釣りを終えたあとの30分間をエギングにあてたい。ただし水深が浅くても潮が走ることもあるため、プラスシンカーやディープタイプのエギを用意したい。

ACCESS

クルマ

小田原厚木道路から西湘バイパス・石橋ICを経由してR135、真鶴道路、熱海ビーチラインを利用してR135を南下。伊東市に入り吉田の三叉路を富戸・城ケ崎方面へ左折。道なりに進み門脇灯台駐車場（1回500円）。

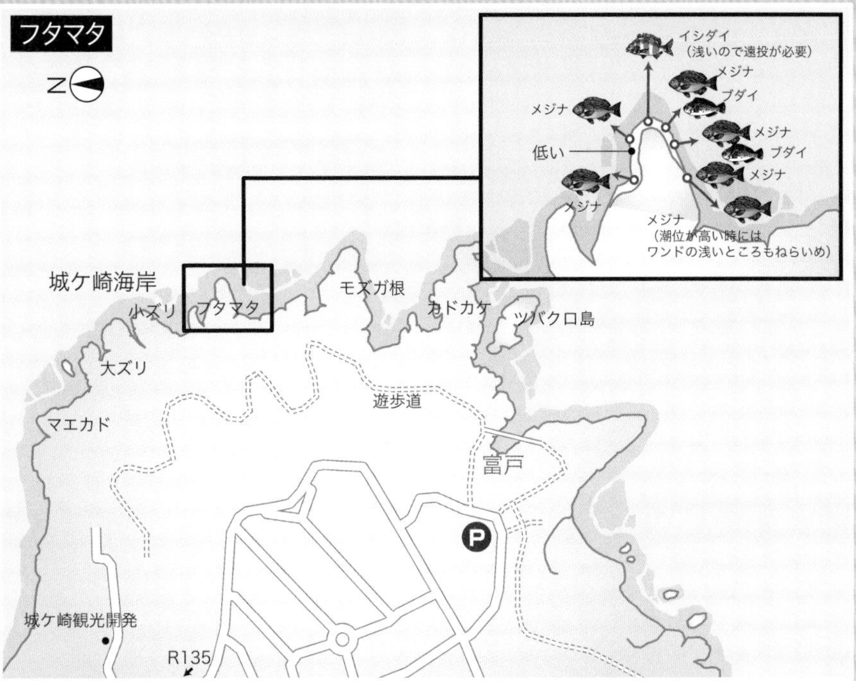

フタマタ

イシダイ
（浅いので遠投が必要）
メジナ
ブダイ
メジナ
メジナ
ブダイ
低い
メジナ
メジナ
メジナ
（潮位が高い時には
ワンドの浅いところもねらいめ）

城ケ崎海岸
小ズリ
フタマタ
モズガ根
カドカケ
ツバクロ島
大ズリ
遊歩道
マエカド
富戸
城ケ崎観光開発
R135

磯釣り道場と呼ばれる城ケ崎海岸の中でも人気の高いフタマタ

タマヅメには 40㎝オーバーの良型メジナが普通に釣れるので、これに対処できるタックルで臨むこと

冬から春にかけてはブダイも面白くなる

ブダイねらいのウキ仕掛けを潮に乗せてどんどん流していく

静岡県伊東市

八幡野ヒナダン・マサキ

Yahatano-Hinadan・Masaki

釣りものカレンダー

春	メジナ カサゴ	メバル サバ	ブダイ スルメイカ
夏	ソウダガツオ イシガキダイ	イナダ アカハタ	サバ
秋	ソウダガツオ イシガキダイ	イナダ イシダイ	サバ アカハタ
冬	メジナ カサゴ	ブダイ ヤリイカ	アオリイカ スルメイカ

車を降りたらすぐ！のメジャーポイント

伊東市街から南へ車で15分で八幡野港に着く。ここには有料駐車場（1日1000円）があり、そのすぐ下にヒナダン・マサキの有名地磯ポイントがある。

通常、地磯へ行くには重い荷物を持って、かなりの距離を歩かなくてはならないが、ここではその必要もない。

ヒナダンはその名のとおり雛壇状の足場のよい平坦なポイントである。ただ、一枚岩の岩盤で滑りやすいためフェルトスパイクの履物が適している。また、海面から低いため波が這い上がりやすく、南風時の波やウネリは危険である。

マサキは絶壁の磯際が釣り座となるため高い所が苦手な方には向かないポイントである。ただ、この先端部にはとても狭いが一段低い釣り座もある。

ここはどちらも岩礁帯のためターゲットは磯魚が中心になる。

ヒナダンは足場が低く釣りやすいため、ウキフカセのメジナ釣りの人気が高く、冬から春のシーズンには賑わいを見せる。また、カゴ釣りやアオリイカ釣り（4～9月は禁漁）など、さまざまな釣りが楽しめる。

これに対してマサキは足場が高いため、タモ網での取り込みが必要ではないカゴ釣り、ブダイ釣り、イシダイやイシガキダイ釣り、アカハタやカサゴのブッコミ釣りなどに向いている。

夏から秋のカゴ釣りシーズンになるとソウダガツオやイナダをねらう方が多く訪れる。また、以前は夏の夜釣りの風物詩だったカゴ釣りでの大サバだが、最近では季節を問わず釣ることができる。

そしてここ10年ほどで特に魚影が濃くなったのがアカハタである。サバやサンマの身エサでのブッコミ釣り、ハタ用ワームを使った大型ロックフィッシュに適したリグでかなりの釣果が上がっている。

ほかには夏から秋のイシガキダイ、冬から春のブダイも有望である。いろいろな磯魚を多彩なアプローチでねらっていくことができる釣り場だ。

なお、アオリイカ以外のイカも4～9月は禁漁である。

ACCESS

クルマ

小田原厚木道路から西湘バイパス・石橋ICを経由してR135、真鶴道路、熱海ビーチラインを利用してR135を南下。伊東市に入り八幡野交差点を左折。道なりに進むと八幡野港。

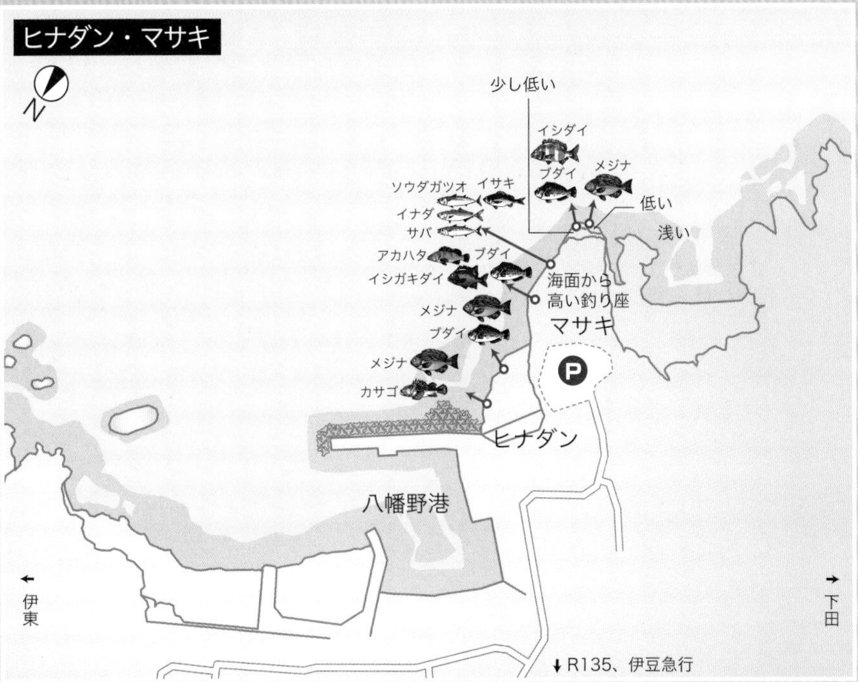
ヒナダン・マサキ
N
少し低い
イシダイ
ブダイ
メジナ
ソウダガツオ
イサキ
イナダ
サバ
低い
浅い
アカハタ
ブダイ
イシガキダイ
海面から
高い釣り座
メジナ
マサキ
ブダイ
メジナ
カサゴ
P
ヒナダン
八幡野港
← 伊東
→ 下田
↓R135、伊豆急行

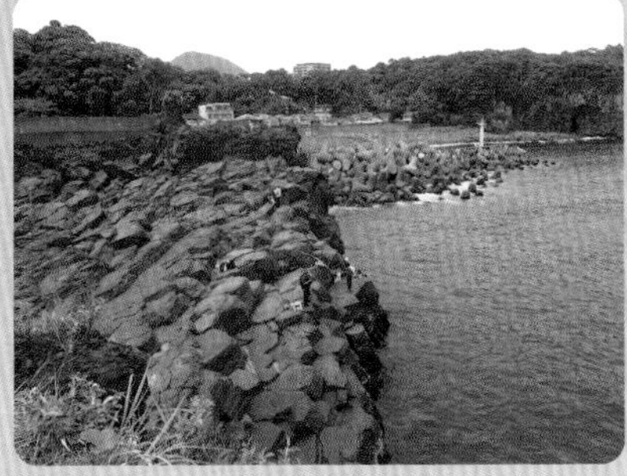

八幡野港に隣接する一級磯のヒナダン

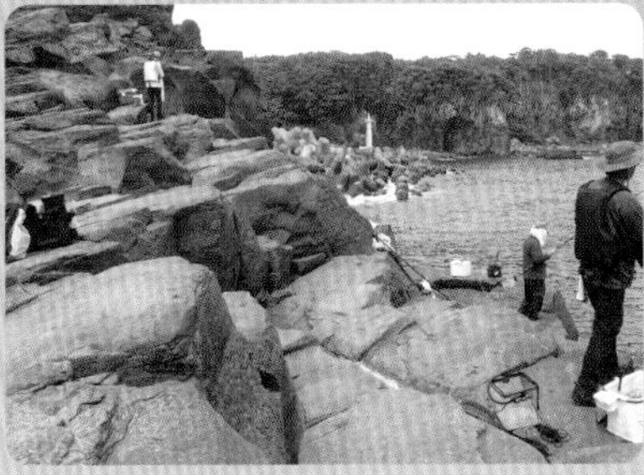

ヒナダンは上ものと底もののどちらもねらえる

有料駐車場

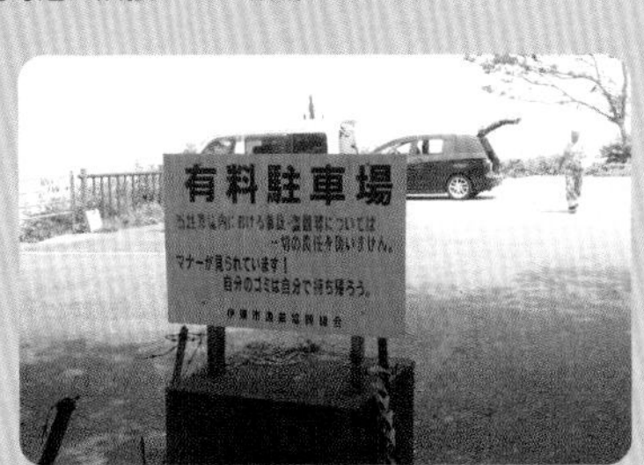

地磯なのに駐車場からも至近

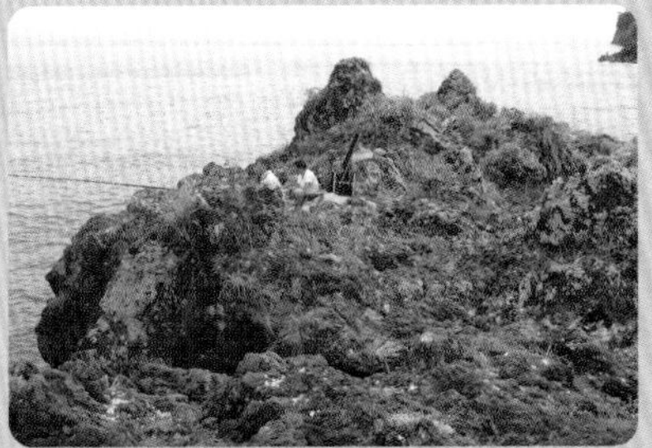

マリキは足場が高いため、タモ網での取り込みが必要ではないカゴ釣り、ブダイ釣り、イシダイ釣り、アカハタやカサゴのブッコミ釣りなどに向いている。

静岡県伊東市

赤沢堤防

Akazawa-teibou

釣りものカレンダー

春	メジナ ヒラメ	アオリイカ マゴチ	メバル 小サバ
夏	ソウダガツオ サバ	イナダ シマアジ	カンパチ
秋	ソウダガツオ サバ	イナダ シマアジ	カンパチ マダイ
冬	メジナ ブダイ	アオリイカ メバル	ヒラメ

伊東市と東伊豆町の境界にある漁港が赤沢港で、港内のその小さな堤防が貴重な釣り場である。

東伊豆では海が東向きに開けているため北東風（ナライ）に弱い釣り場が多い。しかし、ここはナライが強く吹いても風裏になるため釣りが可能だ。

堤防周辺は沖合20～40mまでが岩礁帯で、その沖は砂底である。そのため磯とサーフの両方のターゲットをねらうことができる。

東伊豆で北東風を避けられる貴重な釣り場

ここでは晩秋から春にウキフカセ釣りでメジナが釣れ、小場所ながら人気がある。足もと周辺の水深は3～5mと浅く、メジナの魚影を目視できる。

基本的なねらい方はエサ取りの小魚やコッパが多いため、寄せエサを遠近に打ち分けてエサ取りと本命を分断する方法が向いている。

具体的に日中はまず足もと近くにヒシャク3～4杯の寄せエサを撒いてエサ取りを釘付けにする。次に30mほど沖に1～2杯を遠投し、仕掛けをこれに合わせる。

そして夕マヅメ前には警戒心が薄れた良型が足もとに撒いていたエサ取り用の寄せエサを食いに姿を現わす。

このときにも、ごく足もとと5mほど沖とに寄せエサを打ち分け、エサ取りを分断してその沖側をねらう。また、夕方のゴールデンタイムにはタナが2ヒロ未満と浅くなるため魚影を観察し、タナをしっかりと合わせることが大切である。

5月に入ると小サバが大群で接岸し、サビキ仕掛けで手軽に釣れる。これを活きエサにブッコミ釣りをするとヒラメやマゴチがねらえる。ただし堤防近くは岩礁帯のためウツボが多く、少なくとも50m以上のキャストが必要である。

そして夏から秋のカゴ遠投釣りでは定番のソウダガツオ、イナダ、サバ以外に1kgまでのシマアジ、そして良型のマダイが釣れることがある。

ACCESS

クルマ

小田原厚木道路から西湘バイパス・石橋ICを経由してR135、真鶴道路、熱海ビーチラインを利用してR135を南下。伊東市に入り赤沢日帰り温泉館の交差点を左折。道なりに進むと赤沢港。

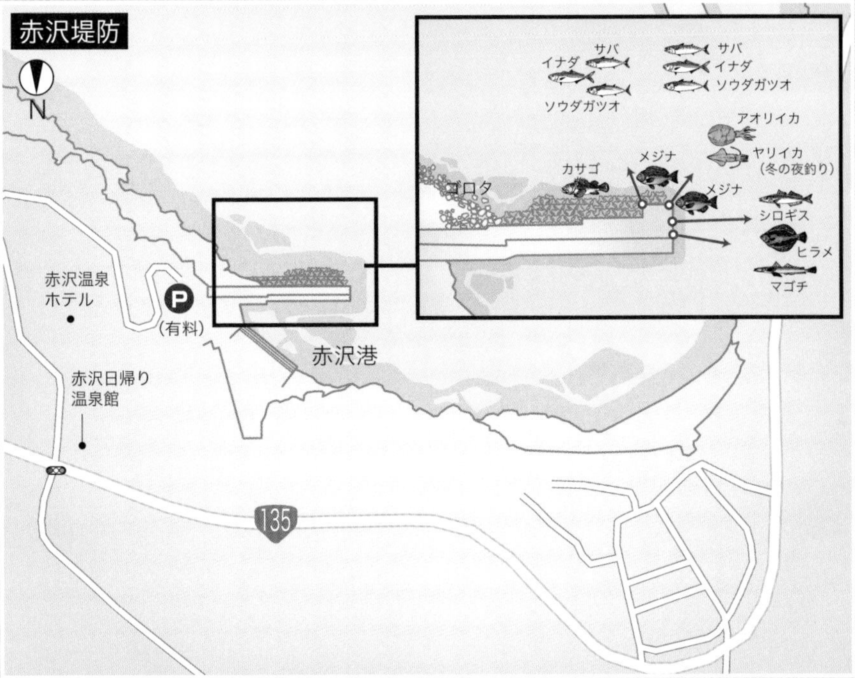
赤沢堤防
N
サバ
イナダ
ソウダガツオ
サバ
イナダ
ソウダガツオ
アオリイカ
ヤリイカ
（冬の夜釣り）
カサゴ
メジナ
ゴロタ
メジナ
シロギス
ヒラメ
マゴチ
赤沢温泉
ホテル
P
（有料）
赤沢港
赤沢日帰り
温泉館
135

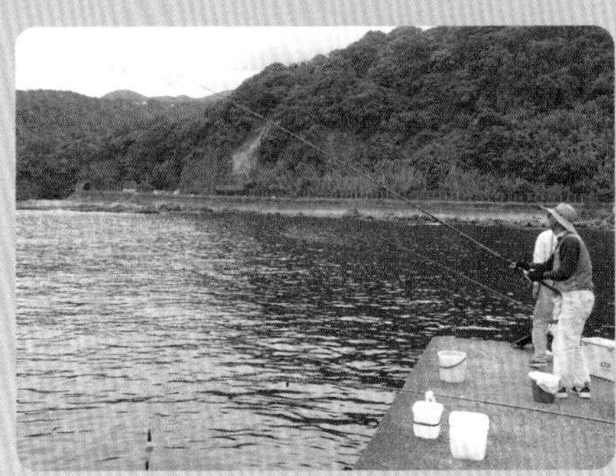

日中はカゴ釣りが人気で夕方からイカ釣りファンが増える

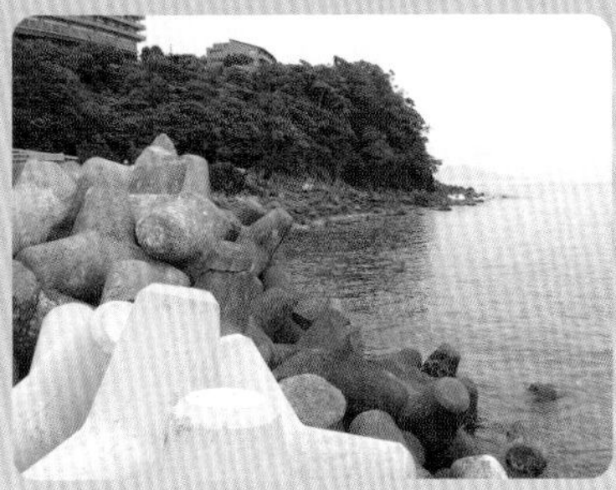

消波ブロック側の周辺はカサゴが多い

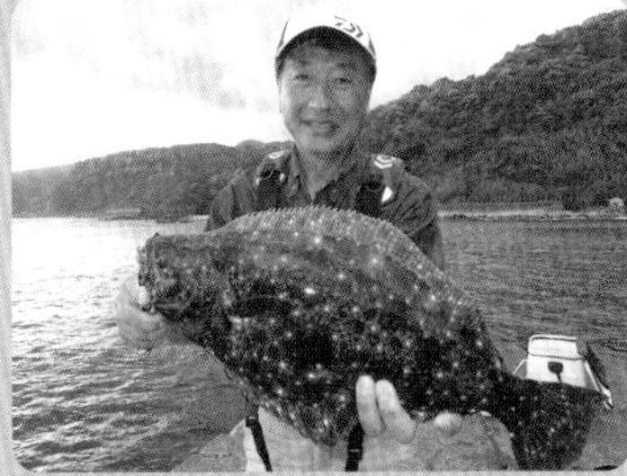

こんなヒラメが足もと付近まで寄ってくる

赤沢日帰り温泉が目印。釣りの帰りに浸かっていくにも最高だ

赤沢日帰り温泉

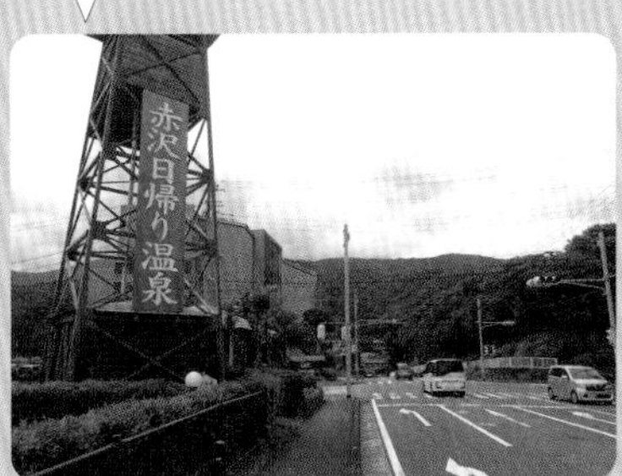

PROFILE

宮本善亘

（みやもと・よしのぶ）

1962年生まれ。静岡県清水在住。バスプロ引退後、専門学校や母校の大学で魚類学、フィッシング理論実習を学生に指導しているほかNPO静岡県フィッシングインストラクター協会の自然体験スクールなども開催。著書に『海のルアー釣り』（つり人社）がある。

静岡（南伊豆～焼津）

解説◎宮本善亘

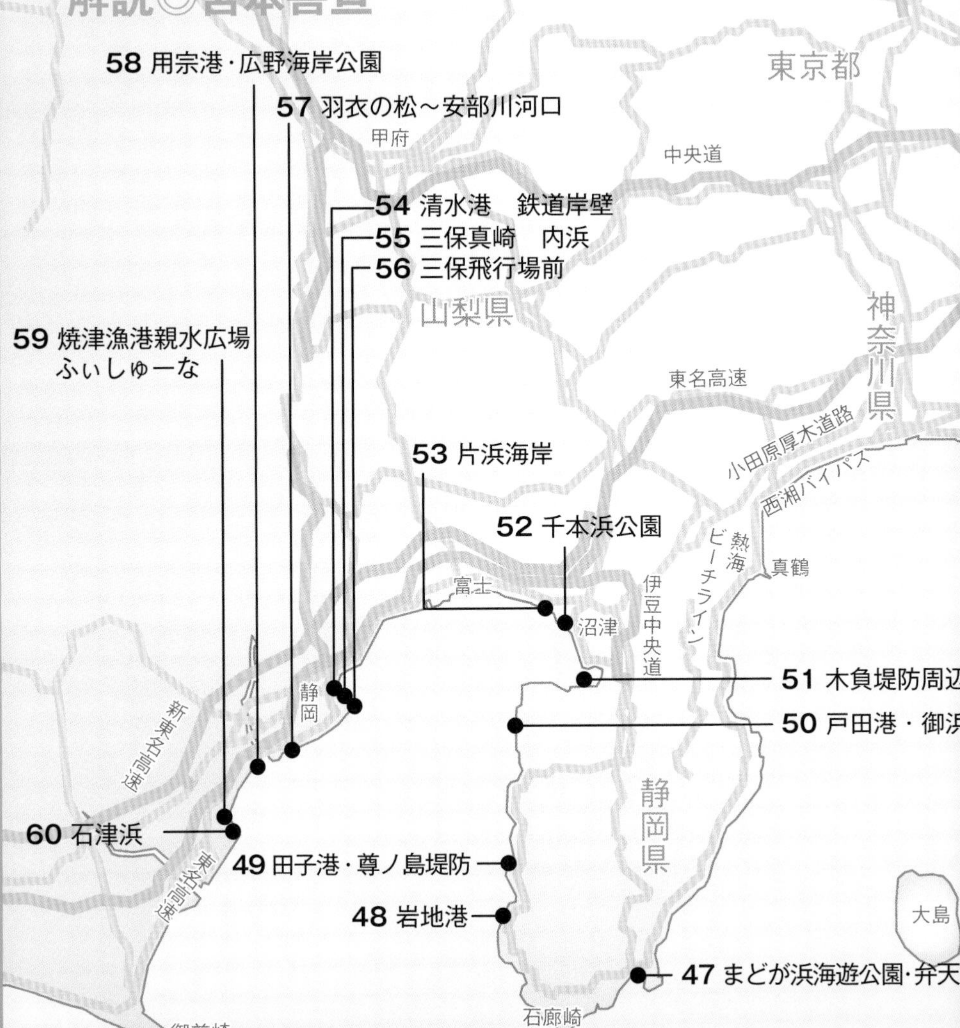

静岡県下田市

まどが浜海遊公園・弁天島

Madogahama-kaihinkouen・Bentenjima

釣りものカレンダー

春	アオリイカ クロダイ カサゴ	コウイカ シロギス アジ	シーバス メバル
夏	シロギス	アジ	カマス
秋	アオリイカ シロギス カサゴ	シーバス アジ ムラソイ	クロダイ カマス
冬	コウイカ カサゴ アジ	シーバス メバル	カマス ムラソイ

伊豆の南に位置する下田市はたくさんの釣り場を持っている。その中でも手軽に釣りができるのがまどが浜海遊公園。広い駐車スペースとトイレ、足湯もある。毘沙子島周辺や弁天島周辺には小魚が集まりやすく、それをねらう魚も多い。

湾奥になるのでアオリイカやメバル、シーバスは釣れないタイミングも多いので立ち寄ってねらう感じになるがスミイカ（コウイカ）やシロギス、カマス、クロダイなどあまり移動しないターゲットは期待できる。夏から冬の小魚の量を見てしまうとついつい粘ってしまうことも多いが、イワシ、稚アユなど大量の小魚を中心に食べているので選択性が強く、大型はなかなか釣れないが、タイミング次第の部分もある。公園は水面との高さがあるのである程度長めのロッドが使いやすい。下田港はどこからの風でもどこかが風裏になり釣りができるので悪天候時の逃げ場にもしやすい。

駐車場もトイレも道の駅もある便利な釣り場

春はクロダイ、シロギスが早い時期から釣れ始める。アオリイカやメバルもタイミングが合えばいいサイズが出る。足もとの岩にカサゴやムラソイが入っていることも。

夏はカマスが釣れ始める。日中でもエサ、ルアーでねらえる。イナダやソウダガツオも港内に入ってくる。

秋はアオリイカ、クロダイ、カマス、シロギスのほか、シーバス、ヒラスズキの捕食シーンに出くわすことも多い。メッキやアジもいいサイズが釣れる。スミイカも釣れ始める。

冬はスミイカとカサゴがメインターゲット。20cm後半のメバルやムツッコが入っていることもある。

注意点は観光客がすぐ後ろにいることもあるので常に周りに気を配り、コマセなどで汚さないこと。まどが浜の駐車場は現在8時半から17時まで夜間は使用できない。弁天島の駐車場は一日中使えるが夜間は釣りができない。5分ほどで歩ける距離なので臨機応変に。

また、人気だった犬走島堤防や福浦堤防、外浦などは現在、立入規制や夜間の釣りが禁止になっているので現状のルールを確認してほしい。漁協周辺、港湾施設など駐車禁止の場所や釣り禁止の場所も多い。周辺の釣具店でエサを買うときに確認するのがベストだ。

ACCESS

クルマ

新東名高速・長泉沼津ICから伊豆縦貫自動車道、伊豆中央道、修善寺道路を経由して月ヶ瀬ICからR414を南下。県道14号で河津に出て海沿いのR135を下田方面へ。弁天島は須崎方面に入りすぐの玉泉寺向かい側。駐車場はまどが浜100台、弁天島10台。どちらにもトイレあり。公園前や公園隣の道の駅にもいろいろなお店あり。

まどが浜海遊公園・弁天島

N
下田湾
毘沙子島
道の駅
開国下田みなと
ベイトが
多い
シロギス
アジ
コウイカ
カマス
クロダイ
WC
弁天島
アジ
カサゴ
カサゴ
P WC
カマス
シーバス
クロダイ
クロダイ
116
カサゴ
まどが浜
海遊公園
ベイトが
多い
メバル
カマス
P WC
石畳
三島神社
下田柿崎郵便局
岩
135

まどが浜のテラス。柵もあり、道の駅や足湯もあって至れり尽くせり。ただし駐車スペースを利用できるのは 8 ～ 17 時。夜釣りは OK だ

秋はクロダイ、カマス、シロギスのほか
メッキやアジもいいサイズが釣れる

弁天島の駐車場は 24 時間使え、釣り場も目の前だが夜釣りは禁止

弁天島に車を停めて 5 分ほど歩いてまどが浜で夜釣りというのもおすすめ。冬は良型のカサゴが足もとまで接岸する

下田湾内の釣り場のためアオリイカも多いが、ここは湾奥にあたるためコウイカも多い

静岡県松崎町

岩地港

Iwachikou

釣りものカレンダー

季節	釣りもの
春	アオリイカ　シーバス　クロダイ　マダイ　シロギス　ヒラメ　マゴチ
夏	アオリイカ　シロギス　アジ　ヒラメ　マゴチ
秋	アオリイカ　シーバス　クロダイ　マダイ　シロキス　アジ　カワハギ　ヒラメ
冬	アオリイカ　ヒラスズキ　メバル　カサゴ　ブダイ　メジナ

西伊豆にある松崎町はやや交通の便が悪く、釣り人は少なめ。松崎の町を過ぎると急にお店も少なくなる。こぢんまりとした港が多いが、どの港も海水浴場があるのでトイレと駐車スペースのあるところが多い。簡単に入れる地磯も多いので、国道から見て岩地が混んでいれば周辺を移動しながらエギングすることにしている。

岩地で有望なのはやはりシロギスとアオリイカ。堤防付近で水深10ｍほどと深く、足もとに岩が沈み、沖合には砂地が広がる地形で、

風光明媚な小さな港はシロギスとアオリイカが有望

キスもアオリもストック、回遊とも多い。ただし西風には弱く、荒れると釣りにならないがヒラスズキが入ることもある。

春はシロギス、クロダイやアオリイカ釣りがおすすめ。沖側の堤防は水深がありいろいろな魚が釣れる。足もとは岩だらけなのでカサゴやアオリイカも多い。内側の堤防付近は岩と藻場がありアオリイカが産卵にやってくる。

夏はサビキ釣りやカゴ釣り、投げ釣りを楽しむ人が多い。堤防が小さめなのでルアーは少し厳しい。

秋は再びアオリイカが釣れ始め、シロギス、カワハギなどの投げ釣り、クロダイ、マダイのカゴ釣りで人気。港周辺が磯なのでシロギスやヒラメの供給量が多くチョイ投げで楽しめる。

冬は西伊豆全体が西風に弱いので厳しい日が増えるが、カゴ釣りのほか松崎周辺はヒジキやハンバノリをエサにしたウキ釣りでブダイがコンスタントに出る。

なお、岩地港では夜釣り禁止されている。以前にも釣り人のマナーが問題になり釣り禁止になったこともあるので、夜釣りのほか駐車マナーやゴミの持ち帰りなどは厳格に守り、港関係者に迷惑をかけないこと。周辺には松崎港や仁科港などいい港がたくさんあるので国道からチョイ見して混雑していたらそちらを見て回ろう。

ちなみに松崎港はアオリイカ、シロギス、アジ、クロダイがねらえ、港に流れる那賀川はメッキも楽しい。下田に直で道がつながっているので、秋は那珂川、稲生沢川、青野川のメッキ&ハゼクラのランガンも楽しい。

ACCESS

クルマ

新東名高速・長泉沼津ICから伊豆縦貫自動車道、伊豆中央道、修善寺道路を経由して月ヶ瀬ICからR136を土肥、松崎方面へ。松崎市街地を過ぎ10分ほどで岩地温泉看板を左折。

岩地港

アオリイカ
クロダイ
マダイ
シロギス
アジ
藻場
岩地漁港
アオリイカ
シロギス
シロギス
ヒラメ
シロギス
岩地海水浴場
岩地
岩部港
136
丹の温泉
WC
平六地蔵
露天風呂
松崎町
P

風光明媚な岩地港。釣りができるのは6～19時まで。ルールを守って釣りを楽しもう

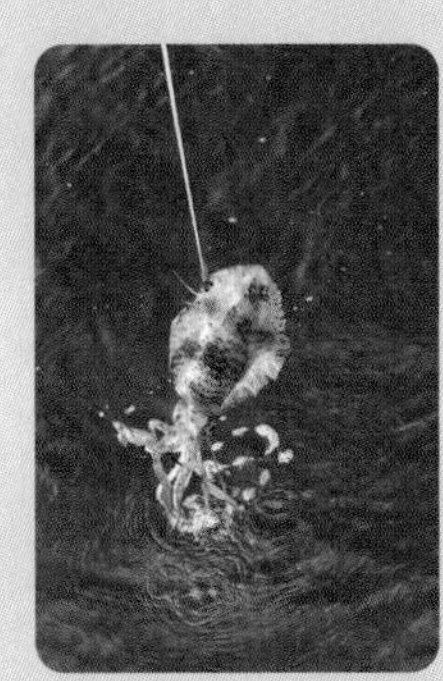

春は大型アオリイカの好機。バンバンとシャクるのではなく安定姿勢のフォールに乗る傾向が強い

港内には海藻がたくさん生えていてアオリイカの産卵場になっている

岩地港と隣の松崎港はどちらもアオリイカとシロギスの釣果が安定している

静岡県西伊豆町

田子港・尊ノ島堤防

Tagokou・Sonnoshima-teibou

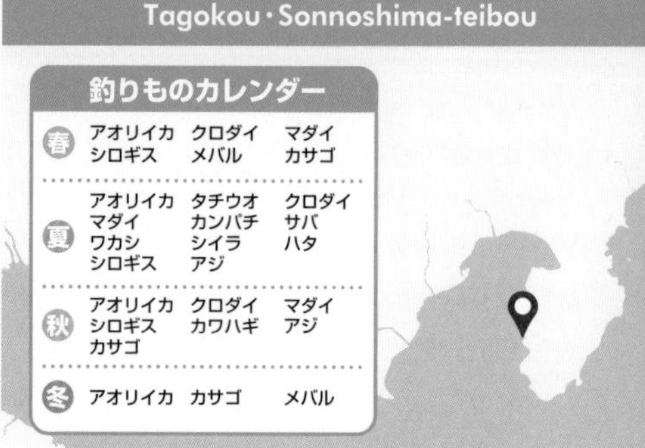

釣りものカレンダー

春	アオリイカ シロギス	クロダイ メバル	マダイ カサゴ
夏	アオリイカ マダイ ワカシ シロギス	タチウオ カンパチ シイラ アジ	クロダイ サバ ハタ
秋	アオリイカ シロギス カサゴ	クロダイ カワハギ	マダイ アジ
冬	アオリイカ	カサゴ	メバル

田子港は大きな港だが、養殖施設やオダなどの入る保護水面など釣りができない場所もあり、魚市場付近が主な釣り場になる。沖に堤防があるため港内は荒れにくく手軽に釣りが楽しめる。港内は水深があり、サビキ釣りやカゴ釣りの人気が高い。最近は港内でもハタ類が増えているほかアジ、サバ、クロダイ、アオリイカの回遊も多い。

魚市場周辺でのおすすめはジグヘッド＋ワームの釣り。2gジグヘッド＋2inワームでアジやメバルのほかにカマスやカサゴ、ハタンポなど周年何かが釣れる。

港内で釣るか、目の前に浮かぶ島の沖堤防で釣るか

ちなみに西伊豆町には渡船が多く、沖堤防や磯に渡って混雑関係なしに全開に釣りを楽しむこともできる。せっかく交通費をかけてここまで来たなら、あと数千円を払って渡船を利用したほうが満足度は高い。

沖磯は敷居が高すぎる……という方は、目の前に浮かぶ尊ノ島から延びる堤防に渡るのがおすすめだ。足場のよい堤防ながら日中に大型のメバルが釣れたり、良型のメジナ、アオリイカ、ハタ、マダイなど漁港とは全く別次元の釣果が得られるだろう。

春はシロギスもねらえるが、周辺の宇久須や安良里のほうが有望。田子はサビキ釣りやカゴ釣りがメインになる。クロダイやメジナなどが釣れ、アオリイカも大型が出る。渡船で沖堤に渡ればアオリイカ、メバルは数も大型も期待できる。

夏はソウダガツオ、カンパチなどの回遊もあり、やはりカゴ釣りが人気。サバやアジも多いのでサビキ釣りも楽しめる。夜間はルアーでアジやタチウオも。

秋はアオリイカやカワハギが釣れる。港内に小場所は多いので移動しながら釣り歩くといい。クロダイ、マダイも期待できる。渡船はメジナ、イシダイ。

冬は西伊豆のため荒れがちだが、冬特有の小魚は多いのでカサゴやメバル、カマスなどそれなりには釣れる。

西伊豆はいい釣り場は多いのだが山道をかなり走る。東日本大震災以降の節電で街灯が減り、シカやイノシシ、アナグマが道に出ていることも多い。特にシカは車が来ても逃げないので夜間の運転には充分注意したい。漁業施設や船舶周りなどを避け迷惑にならない場所で釣りを楽しんでほしい。

ACCESS

クルマ

新東名高速・長泉沼津ICから伊豆縦貫自動車道、伊豆中央道、修善寺道路を経由して月ヶ瀬ICからR136を土肥、松崎方面へ。宇久須、安良里に続くのが田子。田子入り口の信号右折。道なりで魚市場。

田子港 尊ノ島堤防

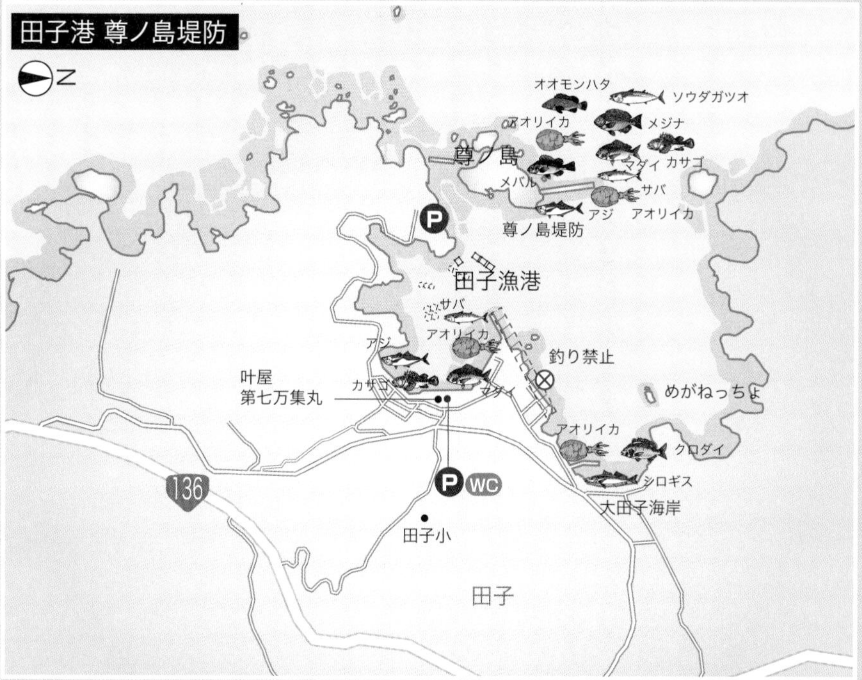

N
オオモンハタ
ソウダガツオ
アオリイカ
メジナ
尊ノ島
マダイ
カサゴ
メバル
サバ
アジ
アオリイカ
尊ノ島堤防
P
田子漁港
サバ
アオリイカ
アジ
カサゴ
マダイ
釣り禁止
めがねっちょ
叶屋
第七万集丸
アオリイカ
クロダイ
シロギス
136
P
WC
大田子海岸
田子小
田子

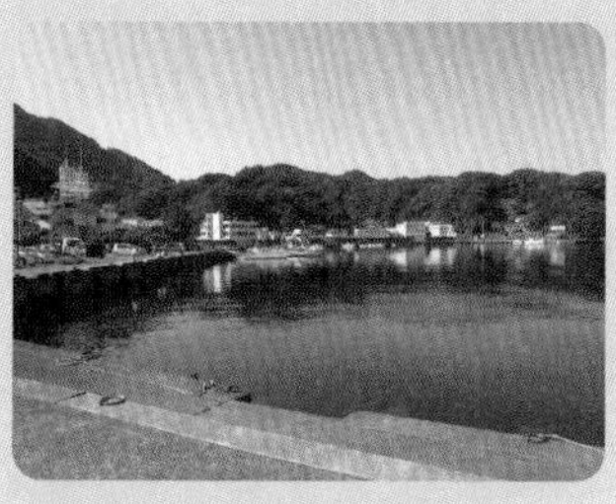

穏やかな雰囲気の田子漁港。魚市場付近が人気の釣り場だ

田子漁港を利用している皆様へ
釣り人の皆さんへ

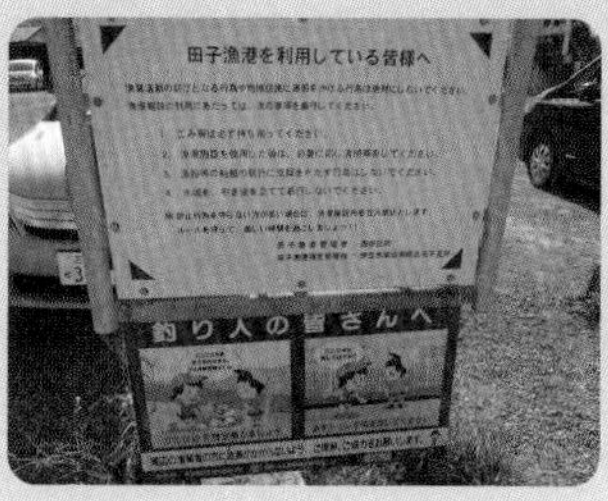

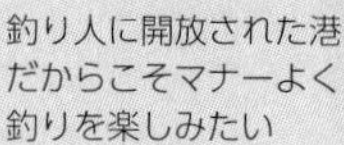

釣り人に開放された港だからこそマナーよく釣りを楽しみたい

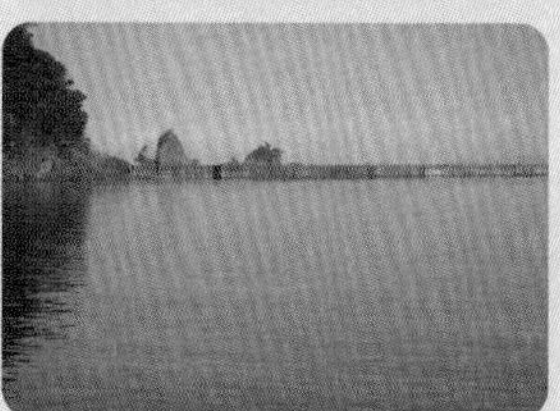

航程５分のお手軽釣り場が尊ノ島の堤防だ

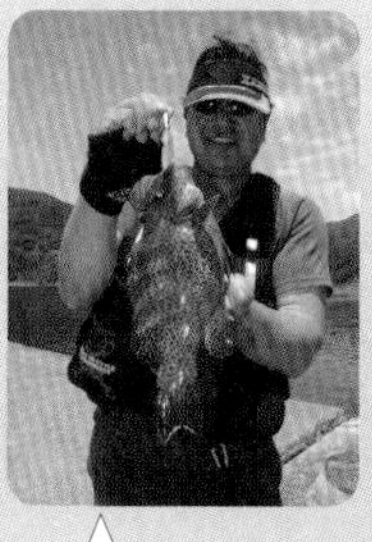

沖堤からボトムを探ればオオモンハタやアカハタ、カサゴ、マダイなどが期待できる

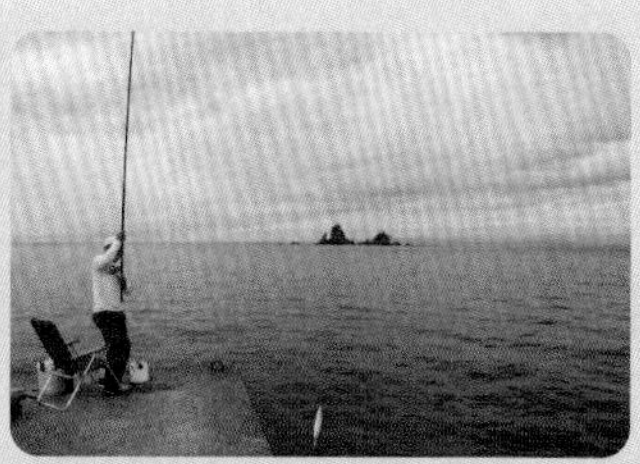

沖堤は沖磯と違って足場がよいので折り畳みのイスを持ち込んでのんびり釣る人も少なくない。カゴ釣りで青物やメジナがねらえる

問合先
叶屋 第七万集丸
住所：静岡県賀茂郡西伊豆町田子港
電話番号：090-4201-0017
営業時間：渡船は４時半集合、５時出船
定休日：不定休
渡船料金：沖堤防 3000 円、沖磯 4000 円

静岡県沼津市

戸田港・御浜岬

Hedakou・Mihamamisaki

釣りものカレンダー

春	アオリイカ メバル	クロダイ	シロギス
夏	アオリイカ ワカシ アジ	クロダイ シイラ	カンパチ シロギス
秋	アオリイカ カワハギ ムラソイ	クロダイ アジ	シロギス カサゴ
冬	カサゴ	メバル	ムラソイ

沼津の南端にある戸田港は釣り場も広く、トイレや駐車スペースにも余裕がある釣りやすいポイント。ねらえる魚種も多く、特に春にねらう大型のアオリイカ、カンパチなど夏の青物、秋のアジ、冬のメバル、カサゴはおすすめ。伊豆特有の最大級の大型も期待できる。

ここへは山道を抜けるため移動の時間はかかるが、天候などによる影響が少ない場所が選べるので、時間をかけても行く価値は充分にあるポイントだ。

沼津南端の釣り場は大物の気配濃厚！

春はメバルやアオリイカ釣りがおすすめ。どちらも最大級の大型が期待できる。釣り場は広いゴロタ浜、岩などが多く残る港、数本ある河口など変化に富み、いろいろなねらい方ができる。港内をランガンするもよし、ゴロタで粘るのもいい。飛距離の出るパワータックルでねらおう。

夏はカンパチやワカシが港内に回遊する。ゴロタからは大型シイラがねらえ、港内ではエサ釣り、カゴ釣り、コマセ釣りでも青物ねらいが盛ん。エリアの広さを活かして得意な釣法で臨みたい。

秋はアジ、サバのサビキ釣り、カワハギ、カサゴのエサ釣りが楽しいが、アオリイカのエギングもおすすめ。ポイントが広いため釣り歩いて探れ、水深もあるので居着きも多く釣りやすい。チョイ投げではシロギスのほかクロダイ、マダイもねらえる。

冬は風を見ながらポイントを決めたい。釣果はそれほど期待できないが、アオリイカ、メバル、カサゴがねらえる。難易度が高いのでベテラン向け。出れば大型が釣れる可能性が高いのでタックルは万端に。

この釣り場はアオリイカもメバルもカンパチも大型が期待できるので、それを想定したタックルで臨まないと損だ。小型はある程度捨てるくらいでちょうどいい。ただし港内はベーシックなタックルで楽しく釣るのも面白い。足もとにワームやブラクリ仕掛けを落とせばカサゴ、ハタ、クロソイなどの大型がヒットすることもあるし、チョイ投げもいろいろな魚が釣れる。タイミング次第ではスズキ、ヒラスズキ、メッキも有望。いくつか流入河川があるので海が荒れた後などにねらいたい。

漁協周辺やフェリー乗り場、夏場の海水浴場など釣りのできないポイントもあるので注意。また、御浜は夏期に有料駐車場になる。

また、戸田港内はボート釣りも盛んで、レンタルボートもある。春はクロダイ、マダイ、アオリイカ、夏はカンパチなどがねらえる。特に撒きこぼしのマダイ釣りは熱狂的なファンが多い。

ACCESS

クルマ

R414を修善寺から県道18号線へ。標識に従い戸田方面へ約30分。駐車場は堤防に20台、御浜に200台。どちらにもトイレもあり。

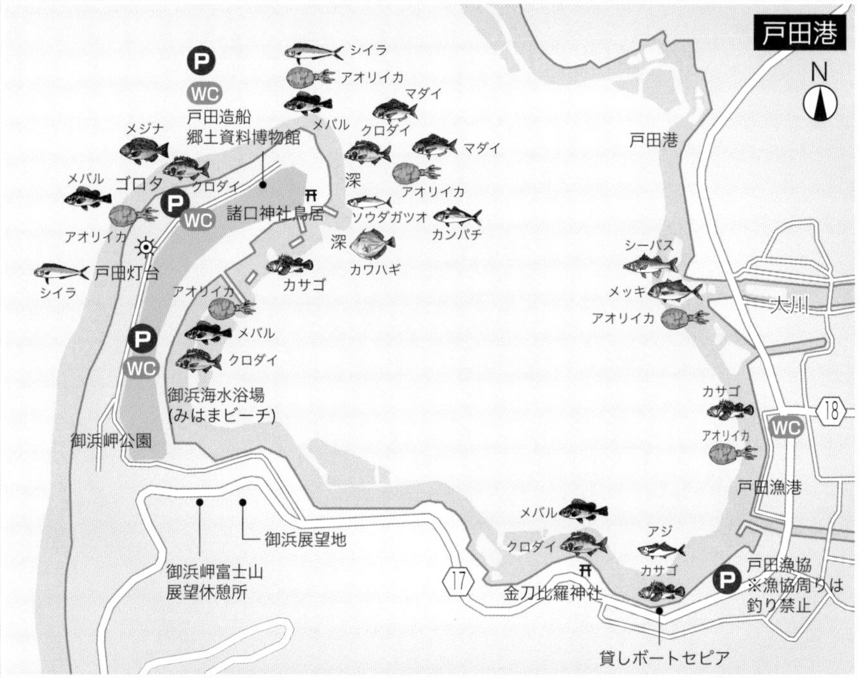

戸田港

戸田港の観光トイレ前

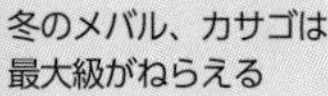

冬のメバル、カサゴは
最大級がねらえる

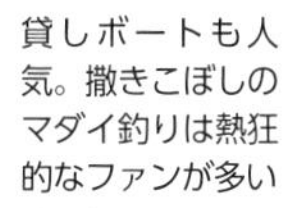

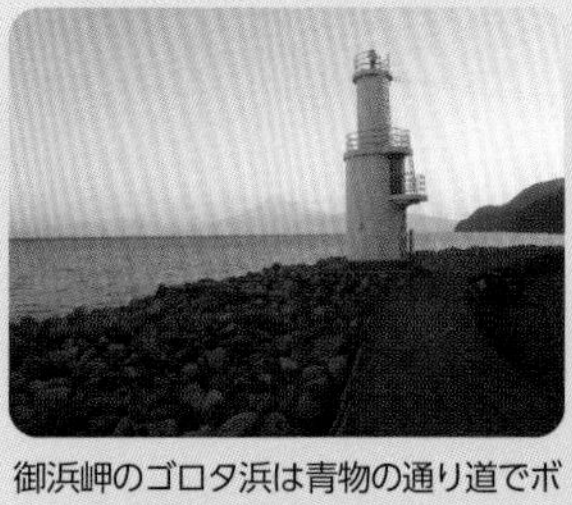

御浜岬のゴロタ浜は青物の通り道でボトムには根魚も多い

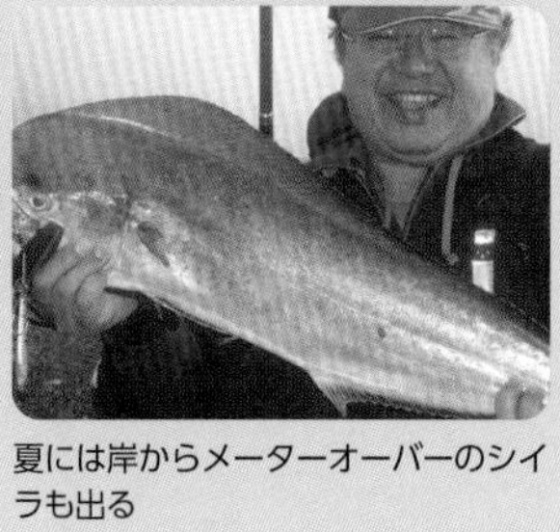

夏には岸からメーターオーバーのシイラも出る

問合先
貸しボートセピア
住所：静岡県沼津市戸田 2710
電話番号：090-4856-6246
営業時間：6 時～ 15 時
定休日：11 月 30 日～
3 月 31 日は休業
ボート料金：2 人乗り 1 隻
4000 円

静岡県沼津市

木負堤防周辺

Kisyouteibou-syuuhen

釣りものカレンダー

季節	釣りもの		
春	アオリイカ	クロダイ	マダイ
	シロギス	メバル	
夏	アオリイカ	クロダイ	マダイ
	カンパチ	ワカシ	シイラ
	シロギス	アジ	
秋	アオリイカ	クロダイ	シロギス
	カワハギ	アジ	カサゴ
冬	カサゴ	メバル	

内浦湾は三津シーパラダイスや淡島マリンパークがある伊豆の入り口。かつては内浦港のアジ釣り、タチウオ釣りが人気だったが現在は堤防からの釣りが禁止になったのは残念。それでも周囲には釣りのできるところは点在するが、駐車スペースがないこぢんまりとしたところが多いため、今回は有料駐車場（500円）のある木負堤防周辺を紹介したい。

メインの釣り場は木負堤防で、アオリイカのエギング、クロダイのウキ釣り、マダイのカゴ釣りが楽しめる。口野周辺も駐車スペースが広く、アジやアオリイカ、クロダイなどがねらえ、足場もよいためファミリーにもおすすめ。そのほか足保、平沢、重寺港にも有料駐車スペースがあり安心して釣りが楽しめる。静浦港は2020年に釣り人のマナーがかなり問題になったほか沼津港白灯台など工事中の場所や釣りが制限される場所が多いが、部分的に釣りのできる場所は残っている。ただし内浦港が釣り禁止になった例もあるので地元に迷惑をかけないように駐車場所やゴミは特に気を配りたい。

有料駐車場をマナーよく利用して大型を目指せ

いずれの釣り場も春はアオリイカのエギングで大型が期待できる。堤防先端部など流れのあるエサの多い場所ほど有望だ。朝夕はアオリイカが群れで移動しやすいのでこの時間帯にねらうのがおすすめだ。釣り人が多いのでロッドは飛距離が出る長めのものがいい。クロダイ、マダイのはカゴ釣りのほか夏場は落とし込み釣りでも大型が出る。レンタルボートもあり、船舶免許があれば最高のポイントを混雑知らずで攻めることができ、エギングでアオリイカ、タイラバや撒きこぼし釣りでマダイが有望。船舶免許がなくても有望エリアまで牽引してくれる。

夏は堤防からサビキやカゴ釣りでアジ、ワカシの数釣りが楽しめる。ショアジギングでシイラ、ワカシねらいもおすすめ。夕方になると湾内でタチウオもねらえる。

秋は再びアオリイカのエギング。ポイントは広いので動きながら探る。アジのサビキ釣りやチョイ投げでカワハギなども楽しむこともできる。レンタルボートからもカワハギ、エギング、クロダイのダンゴ釣りが楽しめる。

冬はカサゴ釣り。最近、小型でも持ち帰る人が多いが、持ち帰るのは大型だけにして中型まではキャッチ&リリースして釣り場を守りたい。

ACCESS

クルマ

伊豆縦貫自動車道・長岡ICより県道130号線で三津、淡島へ。県道17号を西浦方面へ

木負堤防周辺

N
淡島
アオリイカ
マダイ
クロダイ
重寺港
P あり
アジ
クロダイ
クロダイ
浅
木負堤防
アオリイカ
シロギス
イケス
シロギス
アオリイカ
カサゴ
カサゴ
アオリイカ
P
岩崎貸ボート
WC
鮑玉白珠比咩命神社
カサゴ
17
満蔵寺
足保
内浦湾
沼津市立長井崎小中一貫学校
弁天島
長浜城跡
敬願寺
釣り可能
内浦漁協
アジ
アオリイカ
堤防釣り禁止
クロダイ
三津海水浴場
伊豆・三津シーパラダイス
P
三の浦総合案内所

内浦湾に突き出す木負堤防はアオリイカのエギング、クロダイのウキ釣り、マダイのカゴ釣りが人気

レンタルボートでエギングをしたらカサゴがヒット

やっている人は少ないが関東流の短ザオのヘチ釣りでもクロダイが出る

木負堤防の駐車場は有料(500円)。そのほか足保、平沢、重寺港にも有料駐車スペースがあり安心して釣りが楽しめる

レンタルボートからのタイラバでマダイ

問合先
岩崎つり具店
住所：静岡県沼津市西浦木負 353 − 8　電話番号：0559-42-2281
定休日：不定休
ボート料金：◆手漕ぎボートは1人3300円～3人4400円。
5人乗り船外機20馬力1人9900円(1人増し1100円)、
3人乗り船外機15馬力1人8800円(1人増し1100円)

静岡県沼津市

千本浜公園

Senbonhama-kouen

釣りものカレンダー

春	アオリイカ	タチウオ	クロダイ
	ヒラメ	マゴチ	シロギス
夏	アオリイカ	タチウオ	クロダイ
	カンパチ	ワカシ	シイラ
	シロギス	カワハギ	
秋	アオリイカ	タチウオ	クロダイ
	シロギス	カワハギ	
冬	タチウオ		

広大な釣り場に広い駐車スペース。さらにトイレがあり、駿河湾が多少荒れていても波が高くなりにくいエリアのため安全に釣りができる。特に北風、東風に強い。

海水浴場から新中川までの範囲にある千本浜と片浜海岸は、それぞれ潮流や地形に違いがあり、どちらもいろいろ楽しめる。千本浜公園前は流れがやや緩く、なだらかなのでチョイ投げでキスやカワハギがねらえる。特に海水浴場付近はキュウセンなどのエサ取りも多いが近距離で大きなキスやカワハギが釣れるので家族連れにも人気。ルアーならヒラメ、コチ、アオリイカが有望だ。東側の海水浴場付近はキス、カワハギ、ヒラメ、コチがねらえる。西側の新中川周辺はアオリイカ、カンパチ、シーバスのおすすめポイント。なお青物の回遊は公園周辺より片浜のほうが多い。純粋にショアジギング、カゴ釣りをするなら片浜側がおすすめだ。

広大なサーフと広い駐車場と多彩な釣果で大人気

春のアオリイカは回遊中心なのでマヅメを集中して探るか回遊待ちで粘るか。いずれも浜からのエギングになるので飛距離が重要。水深もあるので着底感のあるエギが使いやすい。ヒラメ、コチはルアーでランガン。チョイ投げはキスがねらえる。GWからサバやワラサの回遊が始まる。

夏は放水路周辺でワカシ、カンパチが面白い。30gのメタルジグ中心に着底からの縦の動きで誘い足もとまでしっかり誘う。東側は海水浴場なので注意。

秋は海水浴場前のチョイ投げでキス、カワハギが釣れる。日中ののんびりランガンでシーバス、ヒラメがルアーでねらえる。

冬はちょっときびしいがエギング、チョイ投げのキスが楽しめるほか回遊しだいでタチウオも。最新情報なしに行くのはやや無謀だが、釣りに行ったらねらってみるのはあり。狩野川河口も近いので落ちアユパターンのシーバスも楽しめる。

150台ほど駐車できる千本浜公園の駐車場は朝6時から開門。21時閉門。出車は24時間可能だが入り口が封鎖される。トイレは2ヵ所あり。東に見える堤防は沼津港の一部のため釣りができない場所も多いが人気の食堂街があり、新鮮な魚料理が早朝から楽しめる。

ACCESS

クルマ

東名高速・沼津ICから県道83号線を直進。上石田交差点も直進してR414へ。三園橋交差点を右折して県道380号線へ。西条町交差点を左折して千本浜街道。そのまま直進で千本浜公園。ほかにもルートがたくさんあり、沼津魚市場から文學の道を経由して千本浜公園もアリ。

千本浜公園

広大な釣り場に広い駐車スペース。さらにトイレもある非常に恵まれたロケーション

海水浴場前。秋はチョイ投げでキス、カワハギ、ルアーでシーバス、ヒラメがねらえる

タチウオは冬から春がねらいめだが、夏場にも回遊がある

新中川の放水路前。夏にワカシ、カンパチの回遊がある

静岡県沼津市

片浜海岸

Katahamakaigan

釣りものカレンダー

春	アオリイカ サバ	タチウオ	クロダイ
夏	アオリイカ カンパチ ヒラメ	タチウオ ワカシ シロギス	クロダイ シイラ ソウダガツオ
秋	アオリイカ ヒラメ	タチウオ シロギス	クロダイ
冬	タチウオ		

千本浜に比べるとエリアは広いが釣り人も多めなのはサーフジギングやカゴ釣りなど青物ねらいの中心エリアだからだ。朝は早めに入るか、逆に8時ごろからのんびり入るとスペースに困らない。

浜の地形そのままの急深な海岸でイワシなどのエサが多く、巨大なナブラが長時間出る。遠投すれば水深20m以上のポイントもねらえる。

横方向の流れが強めで狩野川もあることから日によっては流れ藻で釣りにならないこともあるが、釣果は安定していい。最盛期はサバやワカシですぐにクーラー満杯になることが多い。

急深な地形がベイトと青物を寄せる

毎日、地引網が始まるが、魚が釣り場に入ってしまえば釣れる時間は長いので、地引網が終わるまでのんびり待てばいい。

大川食品から西側はややなだらかになり、特にルアーはエリアを絞りにくくなってくる。第2放水路近辺まではキス、ヒラメなどの釣り場。放水路周辺は流れが大きく変わり、いい潮目が見える。水深は深めでシーバス、カンパチ、シイラ、クロダイ、サバなどいろいろねらえる。

南風には弱いが東風には強く、波も高くなりにくい。が、流れは強いので悪天候時は注意。

春は夜のタチウオとアオリイカが面白い。タチウオは一年を通じて大型が出て数も出る。暗い時間は駿河湾サーフのローカルルアーとして知られる夜光ジグでとりあえずチェックしてみるのがいい。例年GWぐらいからサバ、ワラサが釣れ始める。釣り人が多いので飛距離が出て素早く取り込めるパワーに余裕のあるタックルを使いたい。ジグは30g中心。カゴ釣りは大川食品側に比較的多く、ルアー釣りは千本浜公園側に多い。ルアーとエサで混戦になる場合もある。流れが強いのでウキの流しすぎには注意。

夏はワカシ、カンパチ、シイラ、ソウダガツオの回遊が始まる。たまにマグロが回ることもある。大型シイラは特に期待できる。

秋はお盆を過ぎると釣果が一変することが多い。カンパチ、タチウオのほか年によってはイナダ以上ワラサ未満のイナワラがねらえる。

冬はさすがに青物は厳しくなるが、タチウオの回遊は不定期ながらある。足もとから壁のように深くなっており、その壁伝いにクロダイが回遊するのでフカセ釣りでねらう人も多い。

片浜海岸へは千本浜公園駐車場以外にも少数の駐車ができる場所もあるが、最近は封鎖された場所も多い。護岸を10分も歩けばいいだけなので、千本浜公園から歩いたほうが無難である。

ACCESS

クルマ

千本浜と同じく千本浜公園の駐車場を利用する。

片浜海岸

沼津港
千本浜公園
狩野川
深
サバ
シイラ
ワカシ
タチウオ
ソウダガツオ
深
浅
キス
163
静岡県立沼図西高
大川食品
沼津駅
沼津市立今沢中
ヒラメ
東海道本線
沼津市民体育館
380
投釣り
キス
浅
ヒラメ
キス
ヒラメ
シーバス
ワカシ
クロダイ
深
ららぽーと沼津店
1
片浜駅
163
原駅
第2放水路
東海道新幹線
沼津市立今沢中
沼津市立原小
22
165
N

シロギスからマグロまで多彩な魚がねらえる片浜海岸は千本浜よりもエリアは広大。浜の地形そのままの急深な海岸で遠投すれば水深 20 m以上にもなる

イワシなどのベイトが多く回遊するため巨大なナブラが長時間出やすい

GW あたりから大型のサバがよく釣れ、初夏にワカシと入れ替わる

一番人気は青物ねらいのサーフジギング

ソウダガツオは意外とルアーにセレクティブ。ド派手なナブラが立っても食わせるのが難しく弓ヅノのほうが食わせやすい

静岡県静岡市

清水港・鉄道岸壁

Shimizukou・Tetsudouganpeki

釣りものカレンダー

季節	釣りもの
春	アオリイカ　クロダイ　シーバス　タチウオ
夏	クロダイ　シーバス　タチウオ　カマス
秋	アオリイカ　クロダイ　シーバス　タチウオ　カマス　アジ
冬	アオリイカ　クロダイ　シーバス　タチウオ　カマス　アジ

日本屈指のクロダイ天国

清水港は基本的に港湾指定なので湾岸道路海側は立ち入り禁止。ただ、港湾部分にも商業施設や公園もあるので制限されていない場所、黙認されている場所がたくさんある。

とはいえ水上警察や清水海洋保安部などがあり、ある意味で日本一立ち入りに厳しいエリアなので港湾関係者に迷惑をかけないようにしたい。ただし、清水港は釣り文化振興促進モデル港にも指定されている。そのため日の出ふ頭のソーラスエリアの開放が年5回あり、数年後には興津ふ頭に釣り公園が完成する。すでに公園予定地周辺にはクロダイ、メバル、カサゴの稚魚放流が盛んに行なわれている。このように、釣り人のマナーしだいでは全国的に釣り場が広がる可能性もある。ルール、マナーを守って初心者の見本になれる釣りを心がけたい。

もともと清水港は巴川河口から三保に木造橋があったほど浅い港であったが、水深25mに掘り下げて貿易港になった。したがって岸際以外は水深25mで、港内は砂底か泥底が広がる。

そんな清水港は全国的に見てもクロダイが多い。放流も盛んに行なわれ、カゴ釣り、落とし込み釣り、ダンゴ釣りも盛んである。特に巴川河口の鉄道岸壁のダンゴ釣りと富士見ふ頭の落とし込みは大型も数も期待できる。巴川から引き船（レンタルボート）でクロダイだらけのポイントにつけてもらうこともでき、とにかく清水港はクロダイ天国である。

クロダイのほかにもシーバス、タチウオ、カマス、アジ、ヒラメの実績がある。釣りやすいポイントだが調査船やセメント運搬船が入ることがあり釣りができないこともある。

富士見ふ頭もクロダイの落とし込みのほか夜間はシーバスのミノーイング、タチウオ釣りが盛んだ。元貯木場部分は水深が浅いが清水港の最奥部なので小魚が溜まりやすく、クロダイ、シーバスは多い。立入禁止場所、釣り禁止場所があるのでルールを守ること。

春はクロダイ、シーバスは鉄道岸壁でよく釣れる。梅雨時から水が動き出すと富士見ふ頭側もよくなる。夏はクロダイの落とし込みの最盛期。雨が降ればシーバスも上向く。秋はクロダイ、シーバス、タチウオ、カマスといろいろねらえ、クロダイは真冬でも釣れる。冬は朝夕マヅメ中心にタチウオ、アジ、カマスがルアーでねらえる。

ACCESS

クルマ

東名高速・清水IC（新東名高速を利用する際も新清水ICで降りず、新清水JCTより清水ICへ）を出て左折。R1を東京方面へ。静岡トヨペットの角を右折、立体交差をくぐり突き当りに清水港。右折して清水マリンロードに入り巴川を左折して鉄道岸壁。

清水港　鉄道岸壁

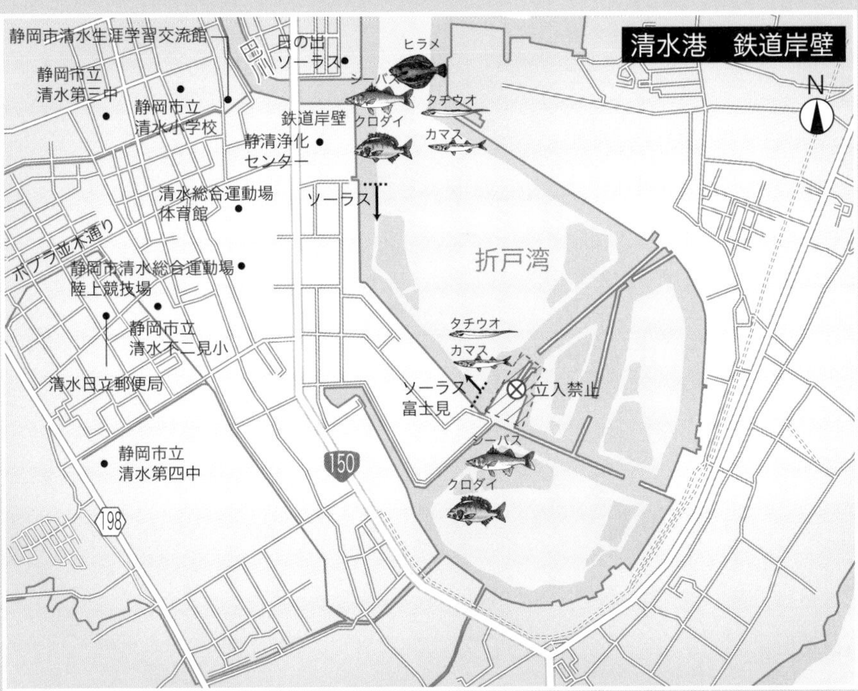

静岡市清水生涯学習交流館
日の出ソーラス
静岡市立清水第三中
静岡市立清水小学校
鉄道岸壁
静清浄化センター
清水総合運動場体育館
ソーラス
ポプラ並木通り
静岡市清水総合運動場陸上競技場
静岡市立清水不二見小
清水日立郵便局
静岡市立清水第四中
折戸湾
ソーラス富士見
立入禁止
ヒラメ
シーバス
タチウオ
クロダイ
カマス
150
198
N

鉄道岸壁は立入禁止の多い清水港の中でも珍しく開放された規模の大きな釣り場だ

清水港内は至るところにクロダイがいる。ルアーでねらうチニングも人気上昇中

夏にヘチ釣りをするならイガイの一枚掛けまたはイガイの稚貝ダンゴが効く

清水港の日の出ふ頭はソーラス条約のため普段は立ち入ることができないが年に５回、ソーラスエリアが開放されて、年に１回は釣り大会が開催される

静岡県静岡市

三保 真崎・内浜

Miho-Masaki・Uchihama

釣りものカレンダー

春	アオリイカ	シーバス	タチウオ
	クロダイ	シロギス	マダコ
夏	アオリイカ	シーバス	タチウオ
	クロダイ	カンパチ	ワカシ
	シイラ	シロギス	マダコ
秋	アオリイカ	シーバス	タチウオ
	クロダイ	シロギス	カワハギ
	サヨリ		
冬	シーバス	タチウオ	サワラ
	クロダイ	サヨリ	

かつてのチョイ投げ釣り場は大物鉄火場に

三保半島先端から内側の観光船桟橋から真崎灯台跡にかけては、かつてはキスやキュウセン、カワハギのチョイ投げ釣り場として人気だったが、現在は夜間のタチウオ、シーバスに始まり、ワラサ、サワラでも人気のルアー釣り場に変貌した。ただし海水浴場やウインドサーフィンの施設もあるので、レジャー客が多い時は配慮してほしい。

岬側の水深は遠投しても4mほど。対してワンド部は7～15mと深い。東風に強いエリアであるのも特徴。また、三保サーフはどこでも長靴で充分に釣りができるのも特徴だ。

春はシラスサイズの稚アユが入るので、早い時期からタチウオ、シーバスが釣れる。そのほか年中イナっ子が多いので大型ミノーでも釣れる。

夏は沖堤防外側ほどではないが、ワカシ、タチウオが釣れる。秋は10月ぐらいからワラサが入り始める。コノシロが集まりだすとチャンスで大型シーバスもねらえる。カケアガリに牡蠣殻が多いのでスピーディーに寄せられるパワーのあるタックルが必要。

冬は12月まではワラサ、シーバスがねらえる。どちらも90㎝アップがよく出るのでそれなりのタックルが必要。1月以降はタチウオとサワラの群れの接岸しだいになる。

沖堤防周辺は遠投で水深20mほど。夜間も日中もカゴ釣り、タチウオのウキ釣りの人が多い場所で、朝夕マヅメは釣り人が入れ替わり、ルアー釣りが多くなる。

春はカゴ釣りでクロダイ、マダイ、夜はウキのタチウオ釣りが盛ん。夏はカゴ釣りのワカシ、ソウダガツオなど。大型のマアジが混じることも。秋はカゴ釣りのクロダイのほか年によっては大型サヨリが回遊する。冬もカゴ釣りのクロダイ、夜のタチウオ釣りをする人は意外に多い。

沖堤防から灯台跡は移動する魚が多いがタイミングしだいでアオリイカ、クロダイ、ワラサなど深場でヒットすることが多い。沖堤防に近付きすぎると急深なカケアガリでラインを擦りやすいので注意。

チョイ投げはシロギス、カワハギ、ギマ、クロサギなど。シロギスは内浜、カワハギは灯台跡外側が人気。

ACCESS

クルマ

東名高速・清水IC（新東名高速を利用する際も新清水ICで降りず、新清水JCTより清水ICへ）からR1、R150を経由して県道199号線で三保方面へ。東海大学海洋科学博物館を左折し道なりに進むと行き止まり左側に無料駐車場（20台、トイレ）。混雑時は沖堤防側の無料駐車場（200台、トイレ）から遊歩道を徒歩5分。頭上の松に注意。沖堤防前の駐車場は海沿い舗装に車が乗らないように後ろを張ってあるロープに合わせて駐車すること。

三保真崎　内浜

N
沖堤
ハタ
ワカシ　シーバス
浅　アオリイカ
ワカシ
4m
アオリイカ
カワハギ　マダゴ
ソウダガツオ
真崎海岸
タチウオ
25m
アオリイカ
ワカシ
三保真崎
広場
三保真崎
海水浴場
シーバス
タチウオ
P WC
P WC
P
東海大学
海洋科学博物館
タチウオ
ワラサ
アジ　クロダイ
ワカシ
東海大学
自然史博物館
7m
ワラサ
シーバス
アオリイカ
20m
人は少ないが
そこそこ釣れる
マダコ
カワハギ
東海大学
松前球場
ソウダガツオ
クロダイ
キス
栈橋
東海大学社会教育センター
三保研修館
赤十字
飛行隊
ワカシ
キス
サバ
三保飛行場
アオリイカ
199
三保灯台通り
三保マリーナ
三保灯台

真崎川から沖堤方面を望む

東海大学海洋科学博物館に近い無料駐車場（20 台、トイレ）。混雑時は徒歩で５分の沖堤側の無料駐車場（200 台、トイレ）を利用しよう

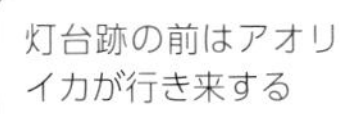

かつてはチョイ投げ釣り場だった内浜。今では秋になるとワラサと大型シーバスで盛り上がる

５月の内浜はシーバスの好機。これは追いかけられて浜まで打ち上げられたカタクチイワシだが、川に入る前の稚アユが食われまくっていることも多い

静岡県静岡市

三保飛行場前

Miho-hikoujoumae

釣りものカレンダー

春	アオリイカ	シーバス	タチウオ
	クロダイ	マダイ	サバ
	ワラサ	マダコ	
夏	アオリイカ	シーバス	タチウオ
	クロダイ	サバ	カンパチ
	ワカシ	シイラ	マダコ
秋	アオリイカ	シーバス	タチウオ
	クロダイ	カワハギ	
冬	シーバス	タチウオ	サワラ
	クロダイ		

今なお人気トップクラスで安定性も抜群

三保飛行場周辺は駐車スペースが広く、いろいろな魚の回遊が多い人気エリア。春のGWのワラサ、サバから始まり、夏のワカシ、シイラ、タチウオなどの回遊魚を中心に大釣りも期待できる。ただし東風には弱く、東風は魚が沈むといわれている。

岬内側は流れが速く、水深はやや浅めの15mほど。カゴ釣りに人気のエリアで日中にルアーマンはほとんどいない。朝夕はルアー、エギングでもねらえるが地形に変化が少ないのでまったりしやすい。岬外側は急深で水深20mほど。流れ、地形はやや複雑でルアー向き。もともとは一年中タチウオが釣れたが、最近は砂利採取の影響で海岸線が後退し、ブレイクまで100m以上離れてしまい、10年前のようにタチウオやシーバスが釣れなくなった。それでもワカシ、シイラ、サバの回遊は多く、溜まりやすい場所。波打ち際でもワラサのナブラが出たりするので初心者でもサーフジギングが楽しめる。三保灯台から先の羽衣の松までは水深のある場所が多くワラサやシーバスがねらえるが時期によってばらつきが大きい。

この飛行場前は人気のあるポイントだが、隣接する釣り場も広く駐車スペースもどこかが空いているのでとりあえず釣りができる。魚の数、ナブラの出方、天候対応などは沼津のほうが上だが、釣りやすさ、安定性は清水のほうが上だ。

そしてここは駿河湾夜光ジグ発祥の地。暗い時間は夜光ジグでタチウオ、マヅメは通常ジギング、日中は一発大物ねらいと数通りのチャンスがある。ヒットが遠のいてまったりしてもジグサビキやジェットテンビン+弓ヅノなども使えばまたヒットすることも多い。

春は飛行場西側でカゴ釣りのクロダイ、マダイ釣りが人気だが、もともとはサーフエギングも盛んだった場所。キロアップも期待できる。また、三保全域はタコも多く、漁業権もないので安心して釣りができる。

夏はGW過ぎからサバ、ワラサの回遊が始まり、飛行場東は日中にワラサねらいのルアーマンが増え、西側はワカシ、ソウダガツオのカゴ釣りが並ぶ。

秋はお盆過ぎからワカシが減り、40㎝ほどのイナダがぽつぽつ釣れだす。冬はカゴ釣りでクロダイをねらう人がちらほら。ルアーではごくまれにオオニベが釣れることがある。

ACCESS

クルマ

東名高速・清水IC（新東名高速を利用する際も新清水ICで降りず、新清水JCTより清水ICへ）からR1、R150を経由して県道199号線で三保方面へ。三保造船横のファミリーマートのある交差点を右折して三保灯台へ。灯台横に無料駐車場（30台、トイレ）、飛行場入口より入った先にも駐車場（100台）。ここから遊歩道を徒歩10分で沖堤防前、羽衣の松。

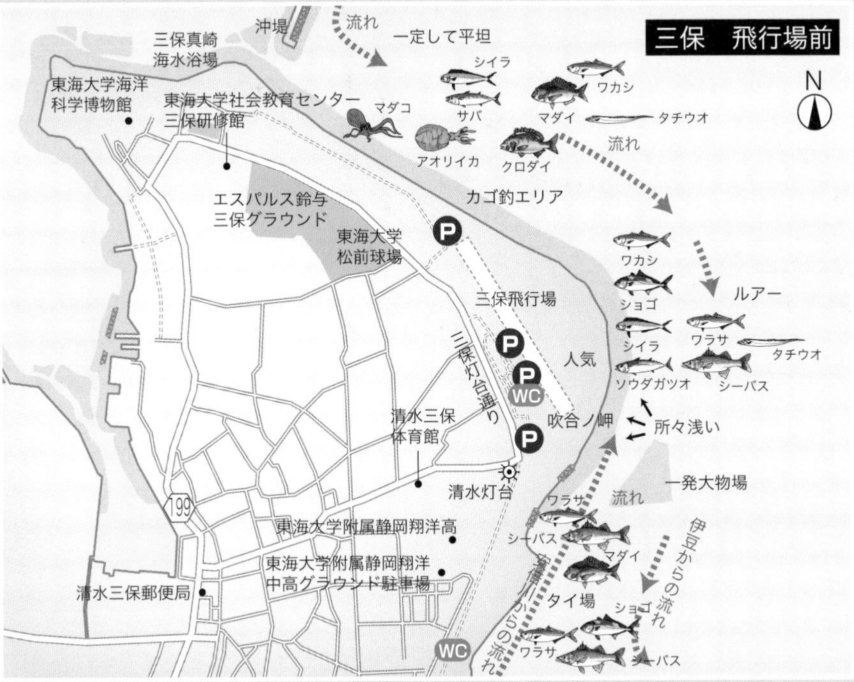
三保　飛行場前
N
沖堤
流れ
一定して平坦
三保真崎
海水浴場
東海大学海洋
科学博物館
東海大学社会教育センター
三保研修館
マダコ
シイラ
サバ
ワカシ
マダイ
タチウオ
アオリイカ
クロダイ
流れ
エスパルス鈴与
三保グラウンド
カゴ釣エリア
東海大学
松前球場
P
ワカシ
ショゴ
ルアー
三保飛行場
シイラ
ワラサ
タチウオ
三保灯台通り
P
P
WC
人気
ソウダガツオ
シーバス
清水三保
体育館
吹合ノ岬
所々浅い
P
清水灯台
一発大物場
199
ワラサ
流れ
シーバス
マダイ
東海大学附属静岡翔洋高
伊豆からの流れ
東海大学附属静岡翔洋
中高グラウンド駐車場
清水三保郵便局
安倍川からの流れ
タイ場
ショゴ
WC
ワラサ
シーバス

TORAY

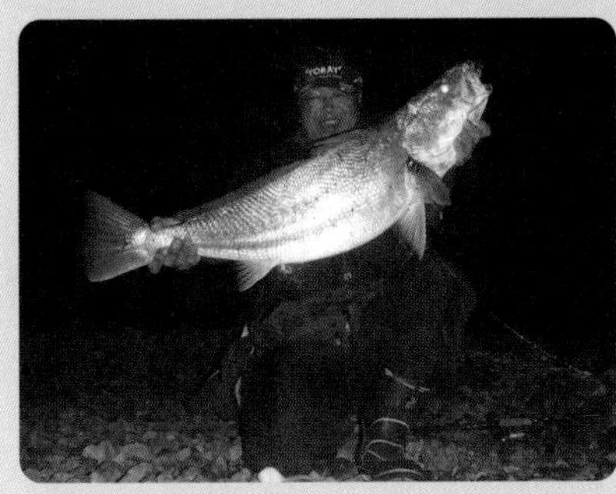

12月中旬に飛行場前でヒットしたオオニベ。ねらって釣れるほどの数はいないもののタチウオねらいの夜光ジグにこのサイズがまれに食ってくる

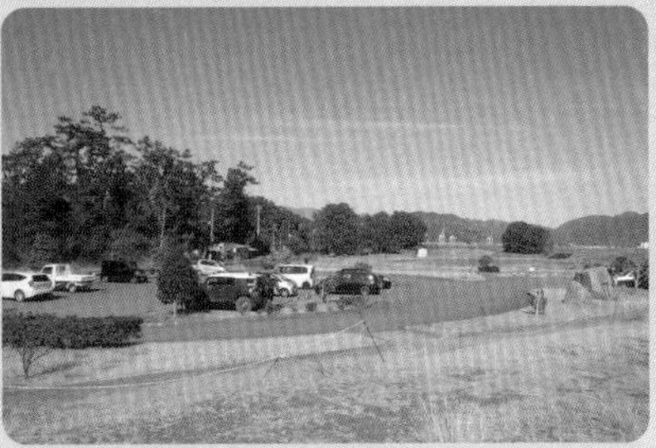

三保灯台寄りの駐車場（30 台、トイレ）は釣り場に近く整地されているので人気

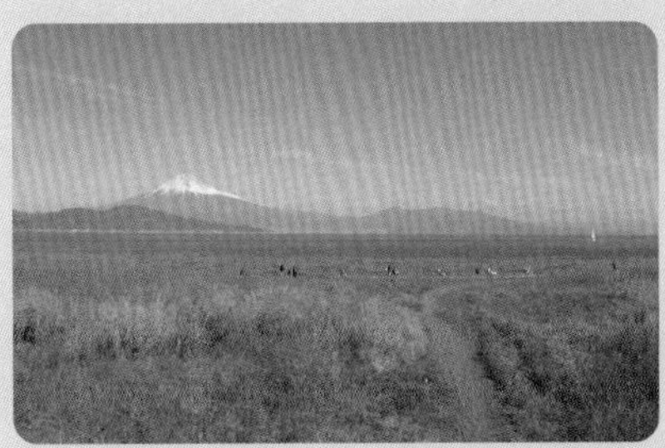

飛行場前の沖堤防寄りにも 100 台ほど利用できる駐車場がある

TORAY

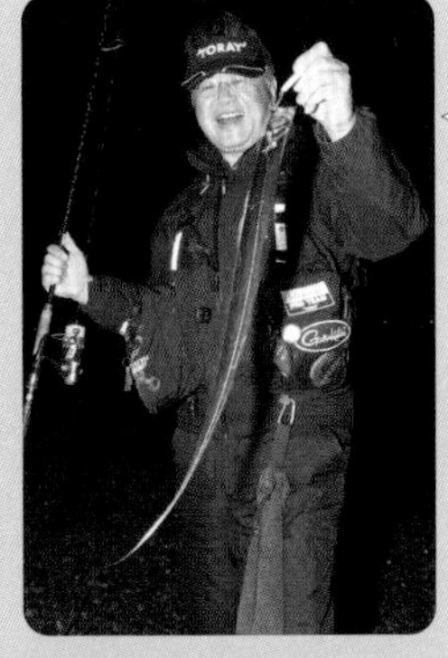

ここは駿河湾夜光ジグ発祥の地。暗い時間のタチウオには抜群に効く

静岡県静岡市

羽衣の松～安倍川河口

Hagoromonomatsu～Abegawakakou

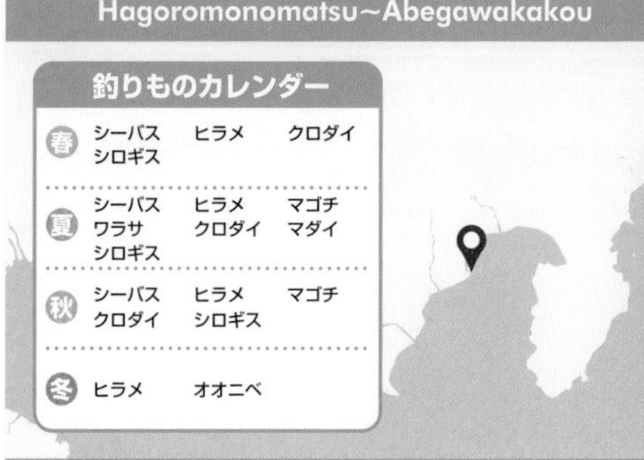

周年ヒラメ・シーバス・クロダイがねらえる

三保飛行場から羽衣の松まで来ると地形が一変し、羽衣の松の東側からは急深な砂利、礫の浜になり、西側はフラットな砂、砂利浜になる。羽衣前はワカシも回るが久能山周辺は基本的にはヒラメ、マゴチ、シーバス、シロギス、クロダイの釣り場。1年を通じてねらえる。

安部川までの10kmほどの区間の砂浜に消波ブロックが点在する。ヒラメねらいのルアーマンが多いが、近距離でシロギスが釣れるため投げ釣りやキスをエサにヒラメ、コチをねらう人も多い。クロダイはフカセ釣りが人気だが、サーフ周辺にイワシが入ると50㎝オーバーのクロダイがルアーにもヒットしてくる。

安部川周辺は地形、潮の流れが変わり、沖に高松の根などがあるためエサが安定しやすく大型回遊魚が入りやすい。イワシやコノシロが溜まりやすい場所でマダイやワラサが釣れることもある。5～7月と11～12月は特におすすめ。季節的なパターンがはまりやすい。

春は安部川周辺の稚アユパターンから始まる。3月終盤からヒラメが釣れ、途中からシーバスが交じりだしGWからがメインシーズン。10～20gのジグヘッドワームやミノーをメインに消波ブロック少なめな場所ではメタルジグやメタルバイブを遠投して浮かせ気味に使いたい。安倍川、大谷川などの河口付近は朝の回遊待ちで特に人気がある。

夏は浜川から安倍川に掛けて青物が回遊する。遠投できるタックルでねらう。ヒラメ、コチは久能下などでも釣れる。

秋は年末までがヒラメ、コチ、シーバスのベストシーズン。イワシが回りやすいのでいい釣りができることも。キス釣りも近い距離で数が出て楽しめる。少しカーブした場所がねらいめ。

冬はいいサイズのヒラメが釣れることもあるが、エサが少ないので基本的に数は釣れない。

離れの消波ブロックは、沈みのゴミ、流木が多いので際をねらうときは注意。並行流、離岸流が強く遊泳禁止になっていて消波ブロックから落ちると非常に危険。ウネリがあれば釣りは断念すること。

ACCESS

クルマ

東名高速・静岡ICを出て左折。県道84号線を直進でそのままR150を10分ほど進むと国道沿いに浜川駐車場。直接は入れないためどこかの交差点で戻ってくるがUターン禁止場所に注意。最近できた日本平久能山スマートインターからのほうが近い。大浜海岸駐車場（無料30台ほど）のほか浜川横にも駐車スペースあるが逆走には注意。トイレは大浜海岸駐車場他、浜久保公園、大浜公園などにある。久能山下有料駐車場（200円）、羽衣の松駐車場、羽衣の松第2駐車場は基本観光用なので注意。

羽衣の松～安部川河口

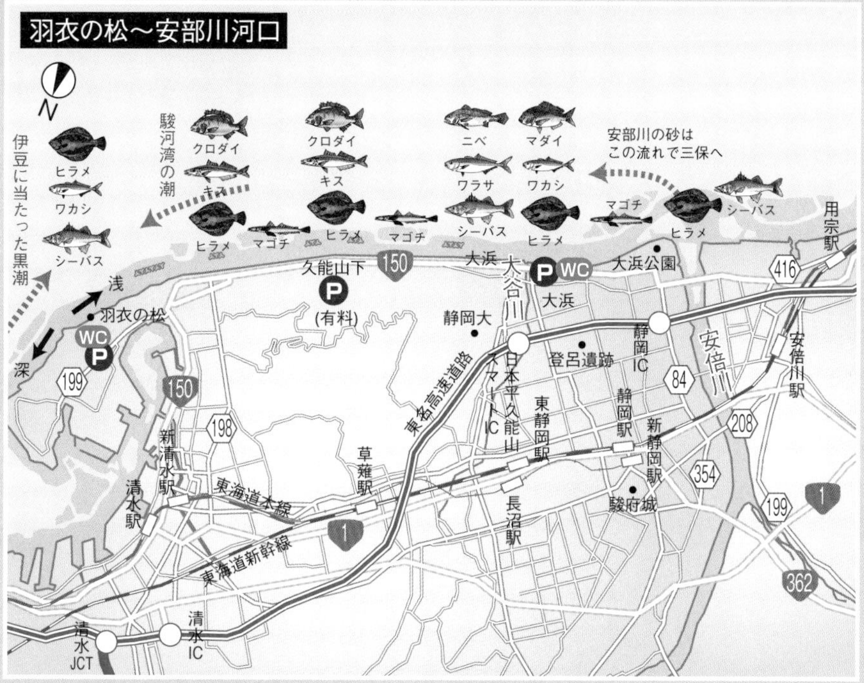

駿河湾の潮

伊豆に当たった黒潮

安部川の砂は
この流れで三保へ

ヒラメ　ワカシ　シーバス　クロダイ　キス　マゴチ　ニベ　マダイ　ワラサ

浅　深　羽衣の松　久能山下（有料）　大浜　大浜公園　静岡大　登呂遺跡　駿府城

浜川から安倍川に掛けて春はシーバスの稚アユパターン、夏は青物が回遊、秋はヒラメやコチが有望

大浜海岸駐車場は無料でトイレもあり、釣り場にも近い便利な駐車場

ヒラメは日中も出るが圧倒的に夜明け前後に食う

これまたヒラメねらいでのヒットだが年々オオニベとの遭遇率が高まっている

静岡県静岡市

用宗港・広野海岸公園

Mochimunekou・Hirono-kaigankouen

釣りものカレンダー

春	シーバス	ヒラメ	クロダイ
	シロギス	メバル	
夏	シーバス	クロダイ	ワカシ
	シロギス	アジ	タチウオ
秋	シーバス	ヒラメ	クロダイ
	シロギス	カワハギ	アジ
	カサゴ	カマス	タチウオ
	アオリイカ		
冬	クロダイ	カサゴ	メバル
	カマス		

駐車場完備の釣り専用護岸か自然海浜か

広野海岸公園は用宗港に隣接する長い公園で、公園内に釣り専用護岸があり、ファミリーなどにとても人気だ。ただし、目の前に消波ブロックが並び、その距離が10〜20mほどと近いので投げ釣りはやりにくい面もあるが、消波ブロックを好むカサゴ、メバル、クロダイなどは良型が釣れる。

護岸から水面までは3mほど。足もとの水深は2mほど。消波ブロックと護岸の中間で深くなり水深は4mほど。ところどころに岩が沈んでいる。夜間は釣り禁止で駐車場も閉まる。ちなみに台風の影響を受けやすく、毎年のように堤防が破損し釣りができない期間が出ることも。

安倍川河口西岸も駐車場から歩いてすぐでその間の浜、消波ブロックではヒラメ、コチ、シロギス、シーバス、メバルなどが釣れる。海が荒れるとヒラスズキも入ってくることがあるが安全第一で。消波ブロックには絶対に乗らないこと。

隣接する用宗港は中型のクロダイが多く、カマス、ウグイ、アジ、メバルとライトタックルのルアーは真冬でもそこそこ釣れる。用宗港西側にも砂浜が広がり、キスやヒラメ、メバルがねらえる。ただし台風情報ではおなじみの中継地で荒天時は危険。

春は用宗港左右に広がる砂浜に稚アユ、イワシが多くシーバスやヒラメをねらえる。釣り公園や両端の消波ブロックぎわではメバルねらいも。クロダイのウキ釣りの人は多い。やや護岸が高めなのでネットの用意を。

夏はイワシが多いので浜ではヒラメ、コチをねらう人が多い。海浜公園はウキ釣りでクロダイ、小メジナと遊べる。

秋は安部川まで続くサーフでヒラメやシーバスが年末までねらえ、イワシ、落ちアユ、コノシロなど季節ごとのベイトパターンが楽しめる。終盤はカサゴやメバルの大型に期待。その後メッキが回ればワームや小型ミノーで楽しめる。カマスやウグイも多い。用宗港堤防の駐車スペースから入る砂浜は広く、消波ブロックの間でキス、イシモチが釣れる。

冬はクロダイのウキ釣りがメインになるが、メバル、カサゴのほか真冬でも2inワームのジグヘッドリグでカマスが釣れる。

ACCESS

クルマ

東名高速・静岡ICを出て南進。突き当りの中島交差点を右折。R150を進み安部川を渡って広野交差点から左手のR150へ。広野海岸公園は無料駐車場（200台、トイレ）は6〜21時（12〜2月は20時閉鎖）。すぐ先のセブンイレブンを左折すれば用宗港。無料駐車場（100台、トイレ）。漁協直売所、飲食店多。

電車

JR用宗駅から徒歩5分で用宗港。徒歩15分で広野海岸公園。

用宗港・広野海岸公園

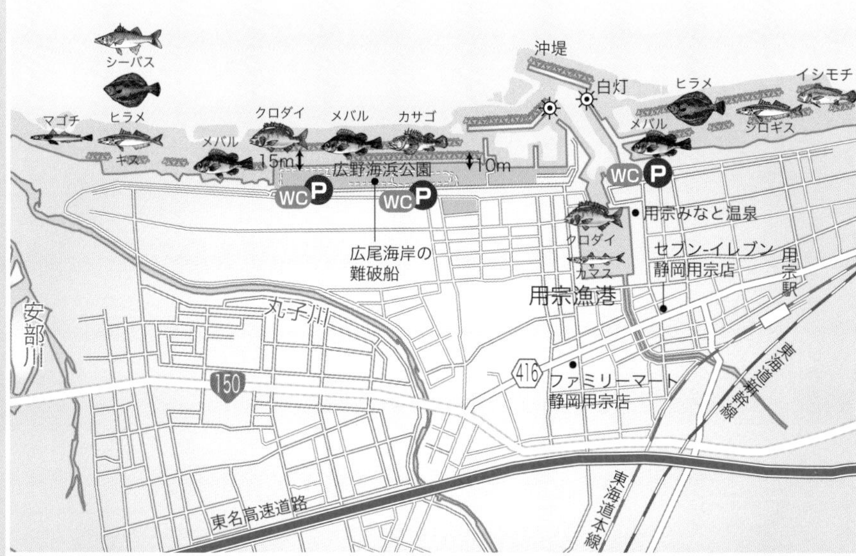

広野海岸公園の釣り専用護岸。目の前の消波ブロックの攻略が釣果のカギを握る

釣り場のすぐ後ろに公園の無料駐車場がある

隣接する用宗港の白灯台付近の駐車場。悪天候の際は波が這い上がるので注意

秋から冬の用宗港では 2in ワームのジグヘッドリグでカマスねらいが楽しい

静岡県焼津市

焼津漁港親水広場ふぃしゅーな

Yaizugyokoushinsuihiroba-fisu-na

釣りものカレンダー

春	アオリイカ クロダイ	コウイカ シロギス	タチウオ
夏	アオリイカ アジ	クロダイ	シロギス
秋	アオリイカ クロダイ アジ	コウイカ シロギス カサゴ	タチウオ カワハギ
冬	アオリイカ クロダイ	コウイカ アジ	タチウオ カサゴ

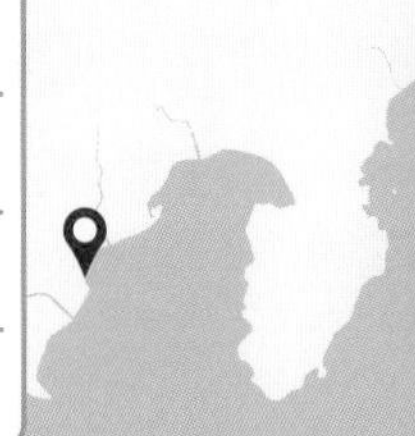

焼津港も近年釣りができない場所が増えた。一番の原因はゴミとトイレなので、トイレがあって釣りのできる公園はありがたい。ゴミを持ち帰り、釣り場を汚さずマナーを守れば、意外と多彩な魚種が釣れるのでこうした釣り場は大事にしたいもの。

ふぃしゅーなは釣り公園ではないが、フィッシングゾーンが設けられている。水深は4mほどで底質は砂地。所々に漁礁が沈んでいる。海ではあるが、川と川に挟まれているのでウグイやシーバス、メッキが多い。サビキ釣りではイワシやアジが釣れ、クロダイはウキフカセ、ダンゴ、落とし込みが盛ん。

家族連れで磯遊びが楽しめ、釣り場としても見逃せない

釣り場のすぐ横に駐車場があり、トイレ、ナイター施設もある。大きな堤防の内側にあるため流れはあるが波はない。安全に配慮したファミリーにとても人気がある釣り場で、車いすでも釣りができる。水道施設はトイレにしかないので水汲みバケツは必須。来た時の状態にきれいに流して帰ること。

春はクロダイのウキ釣り、エギングが人気。それほど数が出るわけではないが、安定して釣れる。サビキ釣りでアジ、チョイ投げでキスも釣れる。エギングはGW過ぎがメインだが早い時期から釣れる。夜間はタチウオの回遊もあるが小ぶりが多い。

夏のクロダイはウキフカセ、落とし込み、ウキのダンゴ釣りなどいろいろな釣法で楽しまれてキビレも混じる。アジの回遊もあり、サビキ釣りでカマス交じりに釣れる。夜間はアジングやタチウオ釣りも。

秋もクロダイ、アオリイカのほかメッキも混じる。焼津は流入河川が多いので河口ではメッキやシーバス、クロダイがよく釣れ、この公園にも回遊してくる。アジやイワシが回ってくるためサビキ釣りも面白い。夜間のタチウオ、アジングも釣りやすく、夜中もルアーマンは多い。チョイ投げでキス、カワハギも釣れる。

冬は1月に入るとやや釣りにくくなってくるが、コウイカ（スミイカ）が混じりだすためエギングは盛ん。夜間のタチウオとアジングも釣果にムラはあるが釣れる。ただし時間帯とレンジが狭いのでかなり難しい。足もとを中心にねらっていくとカサゴやカマスも釣れる。メバルはたまたま食ってくる感じで専門にねらうのは難しい。

海を見て左の焼津新港側、右の小川新港側にも釣りのできる場所がある。

ACCESS

クルマ

東名高速・焼津ICを出たら右折。県道81号を進みマクドナルドのある交差点を右折してけやき通りを直進。突き当たりがふぃしゅーな無料駐車場（100台トイレ、飲食店、売店あり）。

焼津漁港親水広場ふぃしゅーな

石津浜
焼津港小川外港
南防波堤灯台
沖堤
アオリイカ
クロダイ
クロダイ
アジ
タチウオ
アオリイカ
アジ
新小川港
ふぃしゅーな
クロダイ
WC
WC
P
P
アクアス
やいづ
ブイ
近い
アオリイカ
コウイカ
アクアス
サンド広場
オーシャンロード
小川港
静岡県立
漁業学園
静岡県立焼津水産高校
臨海実習場
黒石川
31
焼津小川新町
郵便局

釣り公園ではないが親水広場の一部に
フィッシングゾーンが設けられている

まさに駐車場
隣接の至便さ

アジは日中はサビキで、夜はワームでねらうと面白い

夏を除いてコウイカがねらえる

ナイター施設の照明のおかげでアジやイカが寄りやすい

静岡県焼津市

石津浜

Ishizuhama

釣りものカレンダー

春	アオリイカ クロダイ ワラサ	シーバス マダイ	タチウオ サバ
夏	アオリイカ クロダイ ワカシ	シーバス サバ シイラ	タチウオ カンパチ
秋	アオリイカ クロダイ	シーバス カワハギ	タチウオ シロギス
冬	シーバス クロダイ	タチウオ	サワラ

高級魚が岸近くを回遊する安定感のあるサーフ

浜の中央の沖に大きな定置網があるぐらい高級魚の回遊が多い石津浜。やや大きめの砂利浜にはタコも多い。

サーフの釣りが盛んな沼津、清水と比べると印象は薄めだが、釣果の安定感はある。沼津のように流れ藻に悩まされることもなく、エサ釣りとルアー釣りの競合も少ない。内と外に変化のある清水のように釣り場に悩むこともない。

沼津、清水と比べるとやや浅いが、なだらかで広い砂利浜は釣りやすく、スニーカーでも釣りができるほど。おすすめのターゲットはタチウオとアオリイカだ。タチウオは1年を通じて釣れる。東風に弱いが荒れなければ釣りはできることが多い。

春は、タチウオが安定して釣れる。稚アユが多い場所なので毎年2月中旬に安定して釣れ始めサイズも数も出る。2月という釣り物が少ない時期にこの釣果は嬉しい。海を見て左の堤防付近は小魚が溜まりやすく人気。

アオリイカはタチウオの回遊待ちに釣れたりするが、本格化するのはGW過ぎから。沖の定置網に大量に入るほどアオリイカの回遊の規模が大きい。回遊待ちの要素は強いが短時間勝負で楽しめるのはいい。サイズも安定して大きい。

夏はGWぐらいからサバが釣れ始め、ワラサ、大型シイラの回遊もある。沼津、清水と比べると魚のサイズはやや小ぶりだが、釣り場に余裕があるので釣りやすく、カゴ釣り、ルアー釣り、弓ヅノなどいろいろな釣りが楽しめる。やはりお盆ぐらいから渋くなりがち。駐車スペース前の定置網から海を見て右は徐々に砂が増えてキスも釣れるようになる。静岡市ではあまり釣れないイシモチも焼津、吉田周辺には多い。

秋はシーバスが回遊するほか、やはりタチウオが釣れることが多いので暗い時間はねらいめ。少し大きくなったカンパチも釣れたりする。

冬は1月に入るとサーフは厳しいが、タチウオは釣れたりする。メインは2月からだがフライングで年明けから釣れることもある。

ACCESS

クルマ

東名高速・焼津ICを出たら右折。県道81号を進み最初の信号を右折。六間川北交差点を右折しR150を直進。道原西交差点を左折。左に藤枝MYFCサッカー場のある交差点を過ぎ、橋を渡って突き当りに石津浜公園の無料駐車場（30台、トイレあり）。

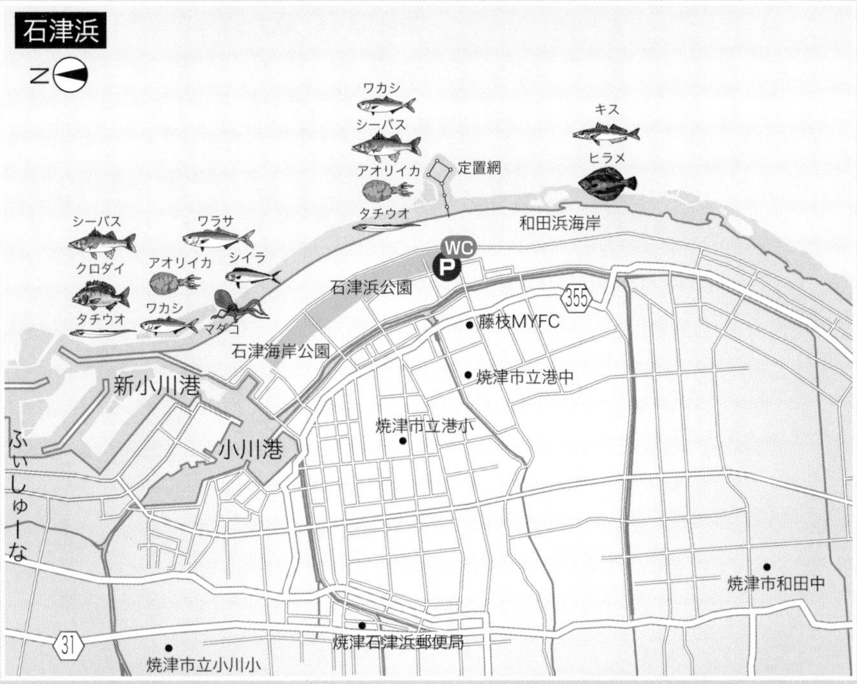

石津浜

ワカシ
シーバス
アオリイカ
定置網
タチウオ
キス
ヒラメ
和田浜海岸
シーバス
ワラサ
クロダイ
アオリイカ
シイラ
タチウオ
ワカシ
マダコ
WC
P
石津浜公園
355
藤枝MYFC
石津海岸公園
焼津市立港中
新小川港
焼津市立港小
ふぃしゅーな
小川港
焼津市和田中
31
焼津石津浜郵便局
焼津市立小川小

なだらかで広い砂浜はスニーカーでも釣りができるほど快適

浜の中央の沖に大きな定置網がある。それぐらい高級魚が近くを回遊するということだ

メインの駐車スペースはややわかりにくく30台分ほどしかないため、県外から出掛ける場合は時間に余裕を見たほうがいい。ふぃしゅーなからも車で10分ほどの距離だ

GWぐらいからサバが釣れ始め、ワラサ、大型シイラの回遊もある

知っておきたい 海釣りのルールとマナー

釣りは三密を避けられることもあり現在、空前の釣りブームとも言える状態だ。

近郊の海釣り場には多くの釣り人がやって来る。釣り人たちが帰ったあとには空き缶やエサのパッケージなどのゴミ、絡まった仕掛け、BBQの残骸、堤防の上にはフグやハオコゼなどの毒魚や稚魚、飛び散ったコマセが残される。周囲に民家があるのに早朝、深夜お構いなしに騒いだり決められた駐車場ではないところに迷惑駐車をする。

こんなマナー違反を繰り返していると次々に釣り場が閉鎖されるという事態になりかねない。末永く海釣りを楽しむために守らないといけないルールと知っておきたいマナーを紹介しよう。

まずは挨拶から始まる

海釣りで最も敷居が低い釣り場が堤防や漁港だろう。最近では釣り公園などにデイキャンプ場が隣接されているところも多い。

駐車場が完備され、トイレもあって売店もあって足場もよい。そんな釣り場には大勢の釣りファンが押し寄せる。そうした混雑した釣り場であとからポイントに入る際には、なるべく距離を空けるようにして、なおかつ両隣の釣り人と挨拶を交わし、ここで釣らせてもらっていいかの確認を取っておくとお互い気持ちよく釣りができる。

多様な釣り人が集まるからこそ他人に配慮

腰を落ち着けて魚の回遊を待つサビキ釣りもあれば、アタリを求めてどんどん歩いていくヘチ釣りやシーバスなどのルアー釣りもある。自分のサオの穂先の変化を注視しつつ波止際を歩い

人気の堤防ともなると隙間がないくらい多くの釣り人で混みあっているところもある。ここまで混んでいなくても、隣の釣り人に「おはようございます。ここでやっていいですか？」と挨拶することから釣りが始まる

足を使ってどんどん移動を繰り返すルアー釣りなどでは他の釣り人の置きザオなどを踏まないように注意したい。逆に荷物を置く人も踏まれないようにする配慮が求められる

ていると、気づかずに他人のサオやウキなどを踏んでしまうことがある。これは踏んだほうは注意力散漫、前方不注意。ただし踏まれたほうも踏まれて困るものはなるべく立てかけておき、なおかつ荷物は、歩いて探る釣り人の妨げにならないように水際ではないところにコンパクトにまとめておくなどの配慮が必要。目の前を見るだけではなく、広い視野で歩く釣り人たちの動線を理解し、お互いが邪魔にならないように配慮しよう。

ぱっと見える範囲でジギング、エギング、カゴ釣り、サビキ釣り、チョイ投げなど思い思いの釣りを楽しんでいる人が集まっているのが堤防だ

投げる前には後方確認！

ルアー釣りや投げ釣りなど大きく振りかぶってキャストをする釣りでは、必ず毎回後方の安全を確認すること。釣り人の背後を歩く際も、目の前の釣り人が投げる動作をしたら一旦停止して、キャスト後に後ろを通過するようにしよう。

大きく振りかぶって投げる釣り（ルアー釣り、投げ釣り、カゴ釣りなど）ではしっかり後方の安全を確認してからキャストの動作に入ること

目前にナブラが立つと夢中でキャストをしてしまうが、必ず背後を振りかぶって安全を確認すること。特にルアーは大きなフックがむき出しで危険なので注意したい

仕掛けを投げる際は他の釣り人の邪魔にならないコースを確認することも大切だ。潮が速いのに軽すぎるオモリを使って遠投すれば仕掛けが流されてオマツリの原因になる。オモリを重くする、チョイ投げにするなどの配慮が必要だ。

来たときよりも美しく！

ハリの付いた仕掛けを堤防の上に残すと大変危険。透明なイトは見えにくいため気付かずその上を歩けば仕掛けが足に絡んで転倒して落水したり、足に釣りバリが深く刺さってしまう。こ

釣り人は歓迎してもゴミは歓迎されない。ゴミを残すために釣り人も締め出してしまう防波堤も増えている。ゴミはすべて持ち帰る。現場のゴミ箱も使わないくらい徹底したい

れを海中に投棄してしまえば絡んだ仕掛けにまた次の仕掛けが絡み、という悪循環に陥り、その一帯は釣り場というよりも海のゴミ捨て場になってしまう。

釣りを終えたあとの自分の仕掛け、堤防の上に落ちていた他人の仕掛け、

楽しませてもらった釣り場にゴミなど残さず、来たときよりもきれいにしてから帰ることを心掛けたい

海中で絡んできた古い仕掛けなどは、すべて袋に入れて持ち帰ろう。その際は、ハリが付いていると危険なためすべてのハリはチモトからハサミで切り、イトもある程度ハサミで切ってしまうと収納しやすい。そのためのゴミ袋（コンビニ袋などでよい）を予め用意し、その袋が風で飛んで新たなゴミにならないように縛っておくことも大切だ。

撒きエサを使ったら流して帰る！

フカセ釣りやカゴ釣り、サビキ釣りなど寄せエサを撒（ま）く釣りは、堤防の上にも寄せエサがこぼれてしまうので、釣りを終えたら必ずバケツを使って海水で流してきれいにしよう。

どんな釣りでもそうだが、特に寄せエサを撒く釣りは堤防上に飛び散った寄せエサなどが残っているので海水できれいに洗い流すこと

どんな魚も堤防放置は絶対NG

フグやハオコゼなどの毒魚や外道を堤防の上に放置していくのはマナー違反。必要ない魚であっても優しくリリースしてあげること。特にハオコゼやアイゴなど毒ビレのある魚は死んでいてもヒレに触ればケガをするので絶対に放置してはいけない。

熱中症対策は万全に

海釣り場の多くは堤防に限らずサーフも磯もほとんど日陰がない。真夏だけではなくオールシーズン必ず帽子を被って熱中症を予防する。また、水分や塩分もこまめに補給できるように多めに持参しよう。

日本中で猛暑が叫ばれる夏は、午前７時台で気温30℃超えも当たり前になった。正午に向けて、まさに殺人的な暑さになり夕方まで続くから、極力肌の露出を減らした服装で、なおかつ頭部を日光から守る帽子を被り、多すぎるくらいの量のドリンクを用意する

離岸流や大波に注意

夏場はサーフに立ち込んでの釣りや、釣りの合間に泳いだりすることもあるが、遊泳禁止エリアでは絶対に泳がないこと。そうしたところの多くは流れが早く急深で、離岸流が発生しやすい。強い離岸流に流されるとあっという間に沖合に体ごと持っていかれ、いくら泳いでも岸に戻れなくなる。もしも流された場合は無理に戻ろうとせずに、強い流れから出るべく横に移動してみると離岸流から逃れられる。磯の大波、ヨタ波にも充分に注意すること。いずれにしてもライフジャケットの装着はマストである。

地磯や堤防は波が這い上がりやすい。飛沫を被るような状況なら迷わず撤収するか、風裏の穏やかな海域に避難する

釣り禁止場所での釣りや密漁に注意

海岸線のすべてで釣りができるわけではない。私有地や橋の上などから釣るのはNGであり、釣りが禁止されている禁漁区のほか立入禁止エリアもあるので注意したい。また、特定のイカなどは禁漁期間や禁漁エリアが設けられている場合があり、タコ類は釣りをすることが禁止されている地域も多いので、事前に調べておくか現地での看板や案内に注意しておくこと。

釣りに限らず海水浴や水遊びでも充分に気を付けたいのが離岸流。サーフでもあまり立ち込んでの釣りは危険だ。もしも離岸流に流されたら無理に岸に戻ろうとすると体力を消耗してしまうので、岸と並行に泳いで流れから外れることを優先する

漁港や磯場などにこのような看板が立っていたら必ず確認すること。特に、禁漁区や禁漁期間などを守らないと犯罪になる可能性もある。釣りはルールを守って安全に楽しもう

その他、貝類や海藻なども基本的に漁業権が絡むので採取すれば密漁になる。詳しくは現地の釣具店などで聞いておくほうが安心である。

釣り禁止、立入禁止の看板があればそれに従うこと

海の「もしも」は118番

海のもしもは118番

海でもしも何か危険な状態になったとき、あるいはトラブルに遭遇・発見したときは118番に発信しよう。海上保安庁につながるので迅速に対応してもらえる。海は何が起きるか分からない。常にスマートフォンや携帯電話を肌身離さず持っておきたい。

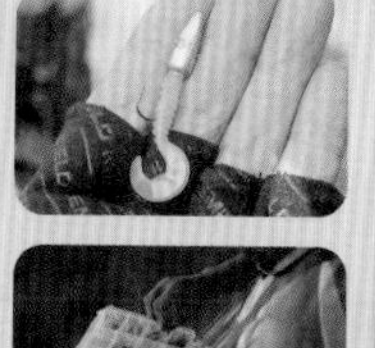
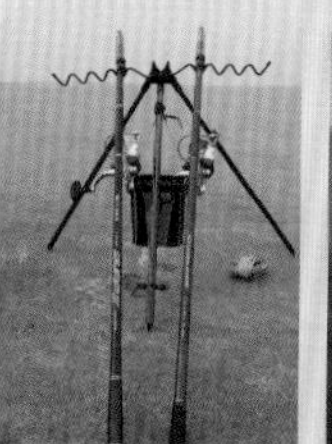

適材適所。正しく覚えて正しく使う

必修! 海釣り場でよく使う仕掛け14

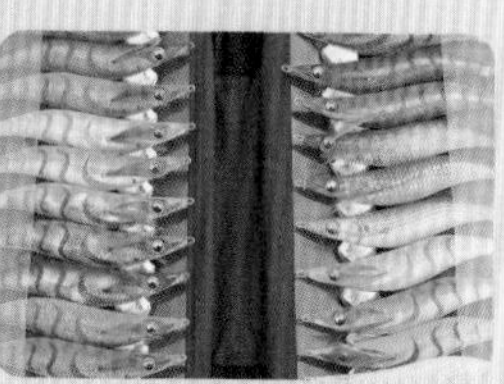

アジ・イワシのサビキ釣り

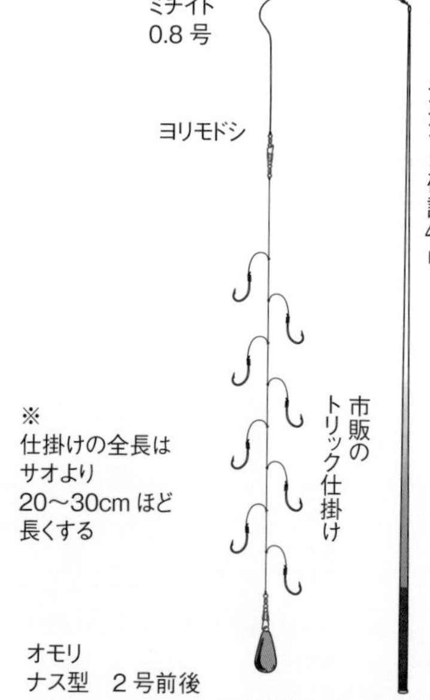

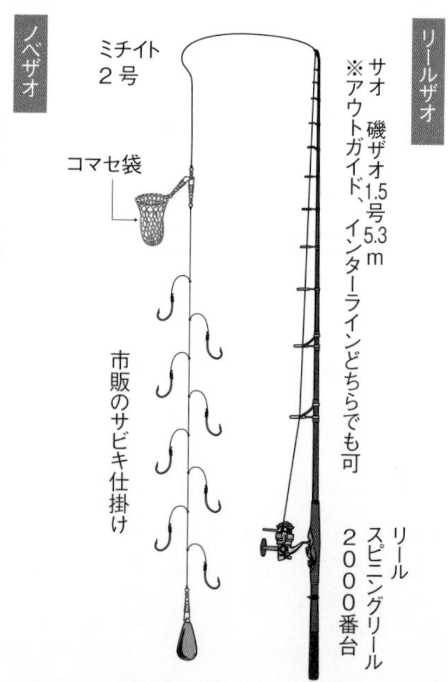

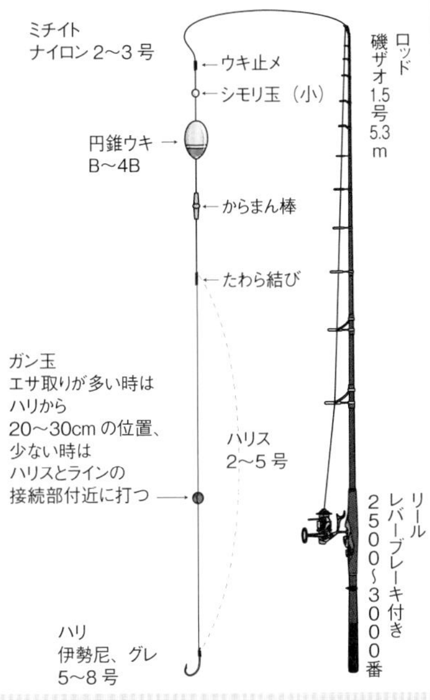
メジナのウキフカセ釣り
ミチイト
ナイロン 2〜3 号
ロッド
磯ザオ 1.5 号 5.3m
ウキ止メ
シモリ玉（小）
円錐ウキ
B〜4B
からまん棒
たわら結び
ガン玉
エサ取りが多い時は
ハリから
20〜30cm の位置、
少ない時は
ハリスとラインの
接続部付近に打つ
ハリス
2〜5 号
リール
レバーブレーキ付き
2500〜3000番
ハリ
伊勢尼、グレ
5〜8 号

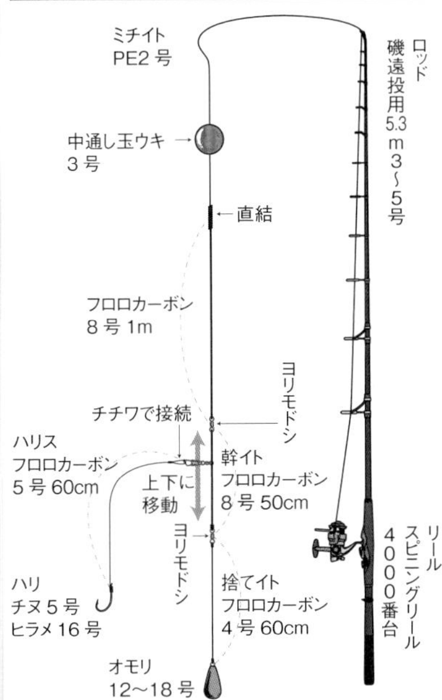
ヒラメ・マゴチ・青物の泳がせ釣り
ミチイト
PE2 号
ロッド
磯遠投用 5.3m 3〜5号
中通し玉ウキ
3 号
直結
フロロカーボン
8 号 1m
ヨリモドシ
チチワで接続
ハリス
フロロカーボン
5 号 60cm
上下に
移動
幹イト
フロロカーボン
8 号 50cm
リール
スピニングリール
4000番台
ヨリモドシ
ハリ
チヌ 5 号
ヒラメ 16 号
捨てイト
フロロカーボン
4 号 60cm
オモリ
12〜18 号

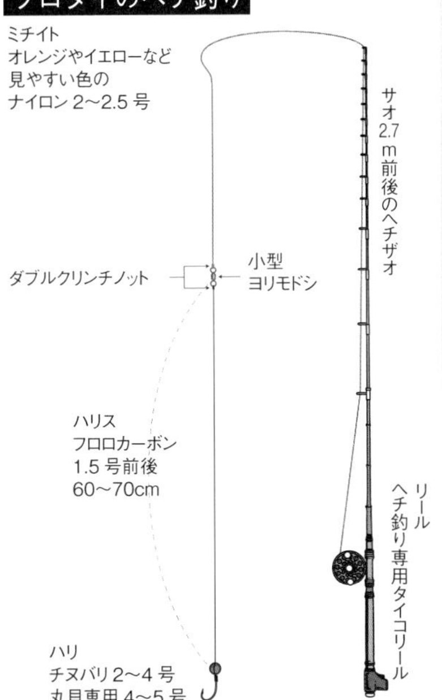
クロダイのヘチ釣り
ミチイト
オレンジやイエローなど
見やすい色の
ナイロン 2〜2.5 号
サオ
2.7m 前後のヘチザオ
ダブルクリンチノット
小型
ヨリモドシ
ハリス
フロロカーボン
1.5 号前後
60〜70cm
リール
ヘチ釣り専用タイコリール
ハリ
チヌバリ 2〜4 号
丸貝専用 4〜5 号

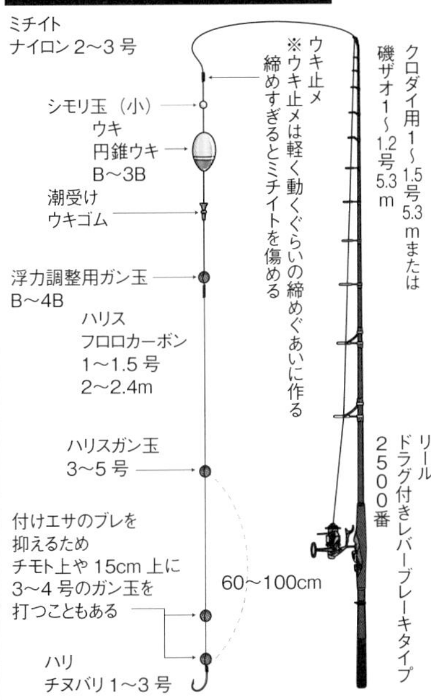
クロダイのウキフカセ釣り
ミチイト
ナイロン 2〜3 号
ウキ止メ
※ウキ止メは軽く動くぐらいの締めぐあいに作る
締めすぎるとミチイトを傷める
磯ザオ 1〜1.2 号 5.3m
クロダイ用 1〜1.5 号 5.3m または
シモリ玉（小）
ウキ
円錐ウキ
B〜3B
潮受け
ウキゴム
浮力調整用ガン玉
B〜4B
ハリス
フロロカーボン
1〜1.5 号
2〜2.4m
ハリスガン玉
3〜5 号
リール
ドラグ付きレバーブレーキタイプ
2500番
付けエサのブレを
抑えるため
チモト上や 15cm 上に
3〜4 号のガン玉を
打つこともある
60〜100cm
ハリ
チヌバリ 1〜3 号

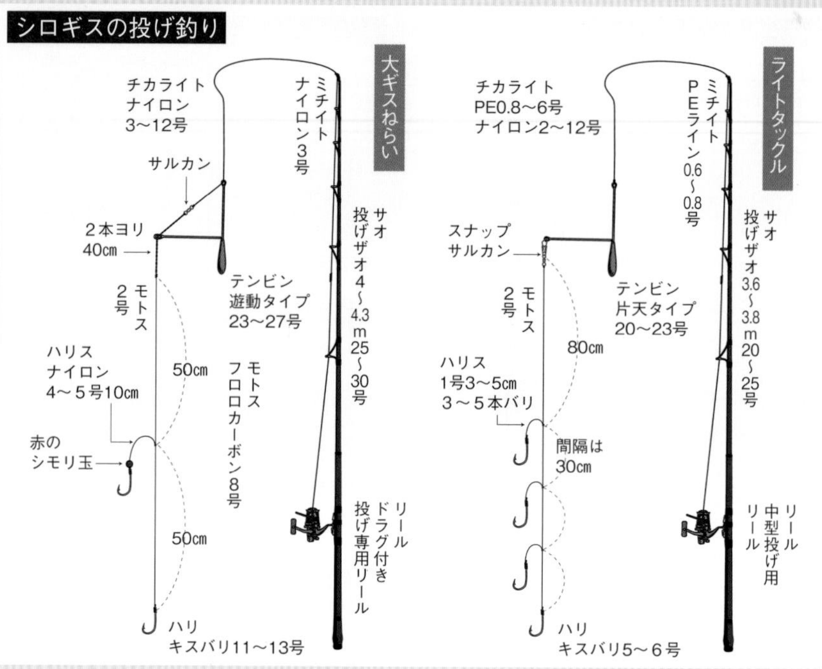
シロギスの投げ釣り
大ギスねらい
チカライト
ナイロン
3〜12号
ミチイト
ナイロン3号
サルカン
2本ヨリ
40cm
テンビン
遊動タイプ
23〜27号
サオ
投げザオ4〜4.3m25〜30号
モトス
2号
モトス
フロロカーボン8号
50cm
ハリス
ナイロン
4〜5号10cm
赤の
シモリ玉
50cm
リール
ドラグ付き
投げ専用リール
ハリ
キスバリ11〜13号
ライトタックル
チカライト
PE0.8〜6号
ナイロン2〜12号
ミチイト
PEライン0.6〜0.8号
スナップ
サルカン
サオ
投げザオ3.6〜3.8m20〜25号
モトス
2号
テンビン
片天タイプ
20〜23号
80cm
ハリス
1号3〜5cm
3〜5本バリ
間隔は
30cm
リール
中型投げ用リール
ハリ
キスバリ5〜6号

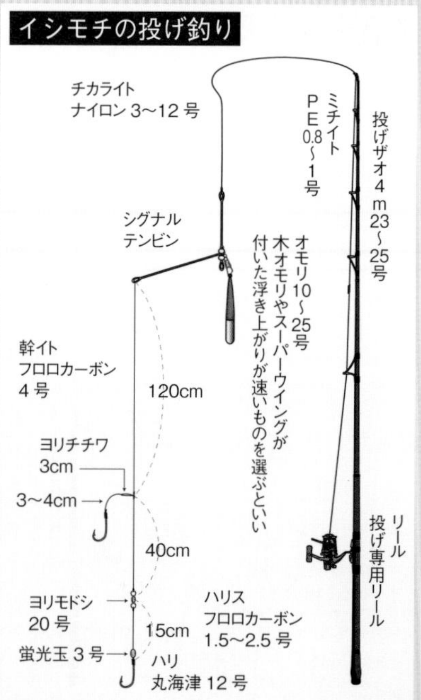
イシモチの投げ釣り
チカライト
ナイロン 3〜12 号
ミチイト
PE0.8〜1号
投げザオ4m23〜25号
シグナル
テンビン
オモリ10〜25号
木オモリやスーパーウイングが付いた浮き上がりが速いものを選ぶといい
幹イト
フロロカーボン
4 号
120cm
ヨリチチワ
3cm
3〜4cm
40cm
リール
投げ専用リール
ヨリモドシ
20 号
ハリス
フロロカーボン
1.5〜2.5 号
15cm
蛍光玉 3 号
ハリ
丸海津 12 号

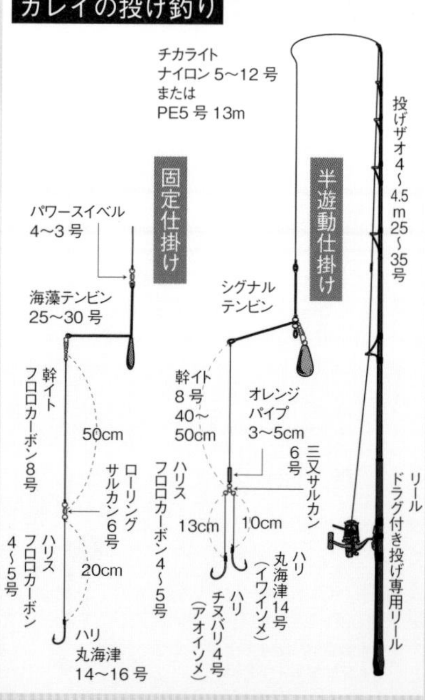
カレイの投げ釣り
チカライト
ナイロン 5〜12 号
または
PE5 号 13m
投げザオ4〜4.5m25〜35号
固定仕掛け
半遊動仕掛け
パワースイベル
4〜3 号
海藻テンビン
25〜30 号
シグナル
テンビン
幹イト
フロロカーボン8号
50cm
幹イト
8 号
40〜
50cm
オレンジ
パイプ
3〜5cm
三又サルカン
6号
ローリング
サルカン6号
ハリス
フロロカーボン4〜5号
13cm
10cm
リール
ドラグ付き投げ専用リール
ハリス
フロロカーボン
4〜5号
20cm
ハリ
丸海津14号
(イワイソメ)
ハリ
チヌバリ4号
(アオイソメ)
ハリ
丸海津
14〜16 号

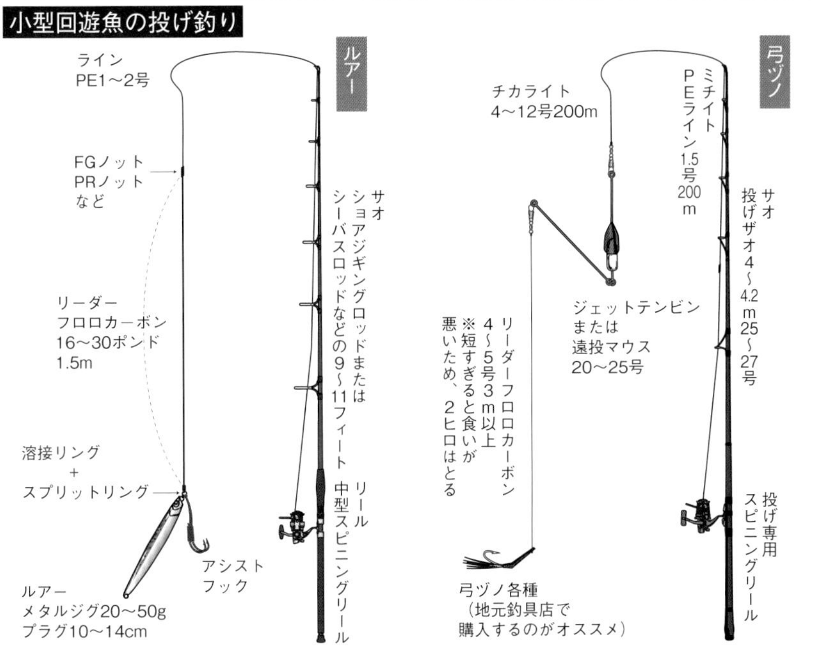
小型回遊魚の投げ釣り
ルアー
ライン
PE1〜2号
FGノット
PRノット
など
リーダー
フロロカーボン
16〜30ポンド
1.5m
溶接リング
+
スプリットリング
ルアー
メタルジグ20〜50g
プラグ10〜14cm
アシストフック
サオ
ショアジギングロッドまたはシーバスロッドなどの9〜11フィート
リール
中型スピニングリール
弓ヅノ
チカライト
4〜12号200m
ミチイト
PEライン1.5号200m
サオ
投げザオ4〜4.2m25〜27号
ジェットテンビン
または
遠投マウス
20〜25号
リーダーフロロカーボン
4〜5号3m以上
※短すぎると食いが悪いため、2ヒロはとる
弓ヅノ各種
（地元釣具店で
購入するのがオススメ）
リール
投げ専用スピニングリール

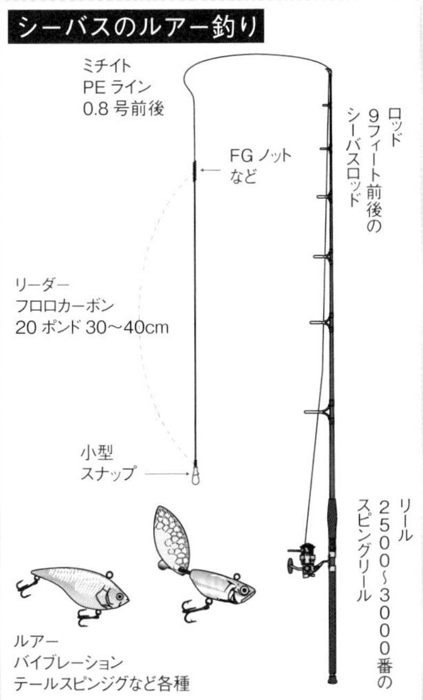
シーバスのルアー釣り
ミチイト
PE ライン
0.8 号前後
FG ノット
など
リーダー
フロロカーボン
20 ポンド 30〜40cm
小型
スナップ
ルアー
バイブレーション
テールスピンジグなど各種
ロッド
9フィート前後のシーバスロッド
リール
2500〜3000番のスピングリール

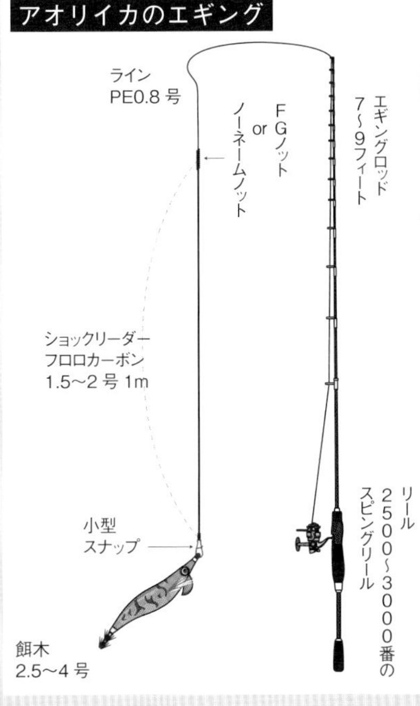
アオリイカのエギング
ライン
PE0.8 号
FGノット
or
ノーネームノット
ショックリーダー
フロロカーボン
1.5〜2 号 1m
小型
スナップ
餌木
2.5〜4 号
エギングロッド
7〜9フィート
リール
2500〜3000番のスピングリール

令和版 困った時はココ！
東京湾・相模湾・駿河湾・常磐・房総
関東 海のキラキラ釣り場案内60

2021年8月1日発行

編　者　つり人社書籍編集部
発行者　山根和明
発行所　株式会社つり人社

〒101-8408 東京都千代田区神田神保町1-30-13
TEL　03-3294-0781（営業部）
TEL　03-3294-0766（編集部）
印刷・製本　図書印刷株式会社

乱丁、落丁などありましたらお取り替えいたします。

ISBN978-4-86447-376-7 C2075
つり人社ホームページ　https://tsuribito.co.jp/
つり人社オンライン　https://web.tsuribito.co.jp/
釣り人道具店　http://tsuribito-dougu.com/
つり人チャンネル (YouTube)
https://www.youtube.com/channel/UCOsyeHNb_Y2VOHqEiV-6dGQ